Crustáceos

Crust

Coleção Aromas e Sabores da Boa Lembrança

A ASSOCIAÇÃO DOS RESTAURANTES DA BOA LEMBRANÇA

apresenta

áceos

2ª edição

Texto **Danusia Barbara** Fotos **Sergio Pagano**

Aromas e Sabores da Boa Lembrança – *Crustáceos*
© Associação dos Restaurantes da Boa Lembrança e Danusia Barbara, 2008.

Direitos desta edição reservados ao Serviço Nacional de Aprendizagem Comercial
– Administração Regional do Rio de Janeiro.

Vedada, nos termos da lei, a reprodução total ou parcial deste livro.

SISTEMA FECOMÉRCIO-RJ
SENAC RIO

Presidente do Conselho Regional
ORLANDO DINIZ

Conselho Editorial
JULIO PEDRO, MARCOS VIGNAL,
FRANCISCO LOPES, WILMA FREITAS
E VALÉRIA LIMA ROCHA

EDITORA SENAC RIO
Rua Vicente de Sousa, 33
Botafogo – Rio de Janeiro – RJ
CEP: 22251-070
Tel.: (21) 2536-3900 – Fax: (21) 2536-3933
www.rj.senac.br/editora
comercial.editora@rj.senac.br

Editora
ELVIRA CARDOSO

Projeto editorial
ANDREA FRAGA D'EGMONT

Coordenação técnica
ANDREA FRAGA D'EGMONT E ASSOCIAÇÃO
DOS RESTAURANTES DA BOA LEMBRANÇA

Texto e pesquisa
DANUSIA BARBARA

Concepção fotográfica, fotos e food style
SERGIO PAGANO

Produção das receitas para fotos
ASSOCIAÇÃO DOS RESTAURANTES DA
BOA LEMBRANÇA E SERGIO PAGANO

Assistente de fotografia (Rio e São Paulo)
ISABELA CARDIM

Produção editorial
ANDRÉA AYER E KARINE FAJARDO
(COORDENADORAS)
LILIA ZANETTI

Padronização das receitas
ANDRÉ MORIN

Sugestão de vinhos
CÉLIO ALZER

Design
SILVANA MATTIEVICH

Impressão
RETTEC ARTES GRÁFICAS

2ª edição: fevereiro de 2010

É com grande satisfação que o Senac Rio traz *Crustáceos*, o sexto volume da coleção *Aromas e Sabores da Boa Lembrança*, consolidando uma produtiva parceria que já se estende desde 2001.

Os membros da Associação dos Restaurantes da Boa Lembrança criaram receitas com esses animais excêntricos e deliciosos, que estão entre os mais antigos que se conhece. Além das receitas, a jornalista Danusia Barbara revela surpresas agradáveis e curiosas a respeito da lagosta, do camarão, do caranguejo, do siri, do tatuí, entre outras.

Estudantes de gastronomia, profissionais do setor e amantes da boa mesa irão deleitar-se com esse fascinante passeio gastronômico, com as receitas dos restaurantes dos mais diversos estados brasileiros e suas peculiaridades, além das interessantes informações que recheiam o livro do início ao fim.

ORLANDO DINIZ
Presidente do Conselho Regional do Senac Rio
Outubro de 2006

Crustáceos, ótimas lembranças em nossas vidas.

Com seus oito mil quilômetros de litoral e abrigando um quinto da água doce do planeta em seu território, o Brasil é, sem dúvida, absolutamente privilegiado em recursos hídricos. Esse potencial, assinala a Associação Brasileira de Criadores de Camarão, aliado às suas diversificadas condições climáticas, torna o país ideal para a pesca e gera um importante comércio internacional de peixes e crustáceos.

Nossas lagostas e camarões dão *show* no mercado europeu, asiático e norte-americano, bem como no mercado interno. Mesmo nas mesas mais humildes brasileiras, em especial de pescadores, claro, é possível encontrar crustáceos. Se não lagostas ou cavacas, siris e caranguejos são presença confirmada. Aliás, nas humildes e nas mais ricas. A classe média urbana enfrenta preços mais severos, pelo transporte e outros embaraços. Ainda assim, em dias de festa ou feriados, não falta camarão na celebração.

Seco, fresco, cozido, grelhado; em molhos, recheios ou estrela de pratos sofisticados, é difícil não gostar de camarão ou lagosta. Poucas pessoas não apreciam a família dos crustáceos. Algumas têm alergia, outras obedecem a censuras religiosas. Mas a grande maioria aguça palatos e sensações, vai à luta: impossível resistir aos camarões e lagostas apresentados em cascatas, por exemplo. Ou a um belíssimo bobó de camarão. São especialidades que parecem clamar o tempo todo para serem saboreadas.

No restaurante Oficina do Sabor, em Olinda, onde trabalho, entre os pratos mais procurados, encontram-se as abóboras recheadas de lagostas, lagostins ou camarões. Outro sucesso é o Camarão no Forró, envolvido pelos sabores sutis de coco, manga e maracujá. Esses encontros gastronômicos transformados em pratos de nosso menu centram-se nas minhas origens pernambucanas e, em nível mais amplo, em nossa cultura brasileira. Que é vasta e muito bonita!

A Associação dos Restaurantes da Boa Lembrança comemora com alegria o lançamento deste *Crustáceos*. Festejamos profusamente o evento com um dos mais queridos e versáteis produtos brasileiros. Dessa maneira, simbolizamos a manutenção da alma e do perfil da Associação criada por Danio Braga. Nosso propósito é crescer com qualidade, ampliando a rede de Boas Lembranças por todo o Brasil.

CÉSAR SANTOS

Diretor-Presidente da Associação dos Restaurantes da Boa Lembrança

Outubro de 2006

Sumário

Da Serventia das Barbas dos Camarões... 8
DANUSIA BARBARA

Entradas 49

Pratos Principais 104

Receitas Básicas 165

Glossário 174

Índice Remissivo de Restaurantes 176

Índice Remissivo de Receitas 177

Relação dos Restaurantes Associados 179

Sobre os Autores 181

DANUSIA BARBARA

Da Serventia das Barbas dos Camarões...

O passeio que Narizinho deu com o Príncipe foi o mais belo de toda a sua vida. O coche de gala corria por sobre a areia alvíssima do fundo do mar, conduzido por mestre Camarão e tirado por seis parelhas de hipocampos, uns bichinhos com cabeça de cavalo e cauda de peixe. Em vez de pingalim, o cocheiro usava os fios de sua própria barba para chicoteá-los – Lepte! Lepte!
Reinações de Narizinho, Monteiro Lobato[1]

Pensar que as sete barbas dos camarões[2] podem servir de chicote não costuma ser algo comum ou viável. Exige capacidade de sonhar, imaginar, fantasiar, como fez Monteiro Lobato em seus livros sobre o Sítio do Picapau Amarelo.

Aqui, por sinal, também vamos contar uma história cheia de leves paradoxos e surpresas, algumas piadas, tentações, erotismo e sabores cobiçados. Vamos à saga dos crustáceos e seus pratos maravilhosos.

Para começar, quem são? Lagostas, camarões, caranguejos, siris, tatuís e percebes são crustáceos. Já ostras, mexilhões e vieiras são moluscos. Qual a diferença? Uns têm carcaça, outros têm conchas. Uns trocam a carapaça, outros espicham a velha casca.

Sem dúvida, são bichos excêntricos: invertebrados, têm carapaça dividida em três pontos de articulação, dez pernas, olhos na ponta das antenas, ostentam às vezes pinças ou garras consideráveis. Fazem sexo de maneira peculiar e, *last but not least*, parecem uma versão especial da simpática família cinematográfica Addams. Repare bem: os pais Morticia e Gomez assemelham-se a lagostas; o tio Fester é um caranguejo; os filhos Vandinha, Pugsley e Pubert lembram camarões; o mordomo Lurch é

A postura guerreira revela malandragem: conseguem ser deliciosos unindo opostos, pois têm carne adocicada e gosto salgado de mar.

um tatuí e o Coisa – a mãozinha que anda e faz tudo por si só – é um legítimo percebe.[3]

Suas malícias gastronômicas não vêm envoltas em sedas ou algodões, peles ou penas, mas protegidas por armadura vigorosa. Fico imaginando quem terá tido a coragem de comer a primeira lagosta ou o primeiro caranguejo: carnes tão protegidas que parecem vestir cintos de castidade medievais, só que velando todo o corpo.

Os crustáceos estão entre os animais mais antigos que se conhece. Há registros de sua presença há 490 milhões de anos. Lagostas e caranguejos, com seus exoesqueletos calcificados, deixaram boas marcas das eras Mesozóica e Cenozóica.[4]

A postura guerreira revela malandragem: conseguem ser deliciosos unindo opostos, pois têm carne adocicada e gosto salgado de mar. Os crustáceos mudam de cor quando cozidos: a lagosta azulada-preta torna-se vermelho-escarlate; certos camarões semitransparentes metamorfoseiam-se em rosa e brancos. Mas um de seus grandes charmes não está na mudança da cor, mas sim em serem inimigos naturais do mosquito *Aedes aegypti*, tendo ajudado até a controlar a dengue no Vietnã. A técnica consiste em colocar milimétricos crustáceos do gênero *Mesocyclops* em reservatórios de água, nos quais os mosquitos transmissores da doença se reproduzem, para que eles comam as larvas, interrompendo o ciclo da enfermidade.[5]

Também auxiliam no tratamento do câncer. Segundo pesquisas feitas na década de 1990, na Universidade Federal do Ceará, os resíduos dos crustáceos provenientes da indústria pesqueira poderiam ser utilizados tanto para a purificação de águas quanto para o tratamento do câncer. O agente chama-se quitosana, uma substância extraída da quitina, um dos principais componentes da carapaça dos crustáceos.[6]

Os crustáceos encerram dualidades: são esquisitos, não apresentam o encanto dos animais "fofinhos" como o coelho ou o gato, por exemplo. Sabem se defender, possuem garras, pinças e espinhos poderosos que machucam, cortam, ferem. E podem ocasionar alergias violentas, mortais. É o lado Fera dos crustáceos. Em compensação, também têm o lado Bela: são gostosos de comer e são símbolos de luxo, de festa, de celebração.[7]

Seu sabor é irresistível para a maioria da Humanidade, objeto de desejo quase total. Mexem com o imaginário, foram proibidos e condenados por culturas diferentes (judeus e árabes ortodoxos não os comem). No entanto, resistiram, ultrapassaram tais questões e continuam na farra e na fama, como no teatro de variedades *Folies Bergère*, em Paris, nos anos de 1925 a 1930 ou mais, em que legítimas cenas de luxúria aconteciam entre crustáceos e a interessantíssima dançarina Josephine Baker (1906-1975): ela gostava de reclinar-se nua em seu sofá, comendo lagostas e bebendo champanhe. Não entendia por que tanto estardalhaço quando abriam a porta de seu camarim e a encontravam assim entretida.[8]

Como ignorar as cornucópias de camarões nas festas esplendorosas? Impossível passar incólume pelas bandejas com lagostas e cavacas grelhadas e temperadas pela cozinha mediterrânea. Até suas carcaças são irresistíveis quando transformadas em sopas, molhos e cremes. O percebe, velho conhecido da culinária luso-espanhola, é uma espécie de pé de dinossauro miniatura, muito feio de se ver. No entanto, basta provar um, grelhado no ponto certo, para render-se de vez ao seu gosto inefável de mar.

A carne dos crustáceos contém pouca gordura. Cem gramas suprem as necessidades diárias de cobre e iodo de um adulto. No entanto, as pessoas não costumam se contentar com tão pouco. É chique, dá status e muito prazer ficar saboreando essas carnes. Parecem vir acopladas a refrões e palavras de ordem como "mais, mandem mais travessas de lagostas, cavacas e pitus para serem degustadas!". Mas nem sempre deve ser assim...

Certa vez, numa festa de inauguração de um restaurante poderoso, no Rio, vivi uma situação digna de piada: depois de olhar o menu, escolhi por acaso o prato mais barato, uma omelete de batatas. Estava acompanhada de um amigo alérgico, que não podia comer crustáceos sob pena de fechar a glote e morrer. Fizemos o pedido e... nada de a omelete chegar. Finalmente, desembarcaram em nossa mesa duas travessas enormes, magníficas, cheias de crustáceos. Estranhamos e informamos que nosso pedido era outro. Debalde. Impávido, categórico, o garçom disse:

– Convidado de VGFC (nome fictício do dono do restaurante) come lagosta e camarão!!!

Não tenha dúvidas, os crustáceos provocam um alegre apocalipse: seja no gosto, seja na cabeça, seja nas emoções das pessoas.

Um banquete sem lagostas não atinge o nível máximo de impacto.

Lagosta

Carne branca, levemente rosada, a lagosta é finíssima iguaria, com sabor e textura especiais. Rainha entre os crustáceos, ela simboliza luxo, riqueza, distinção. Um banquete sem lagostas não atinge o nível máximo de impacto. O grande chef Alain Ducasse afirmou que a lagosta é "o maior, o mais suculento, o mais procurado de todos os crustáceos. ...Debaixo desses ares de samurai, esconde-se uma carne de delicadeza superior".[9]

A lagosta aprecia, também, estar no centro de acontecimentos travessos e/ou polêmicos, como a guerra da lagosta, que quase explodiu entre Brasil e França, na década de 1960, por conta de os franceses invadirem os limites marinhos brasileiros para pescar o crustáceo.

Sofisticada, aparece com certa frequência em comédias, como "O Amor Está à Mesa" (raviólis de lagosta são um instrumento de sedução, ajudam na conquista do amor), ou em filmes de Woody Allen, que tem uma visão peculiar de nossa heroína. Para o cineasta, lagostas são como ardentes encontros ilícitos em contraponto aos pratos rotineiros de um casamento. Em "Noivo

Crustáceos | Aromas e Sabores da Boa Lembrança | 13

Neurótico, Noiva Nervosa", os personagens Annie e Alvie Singer solidificam seu relacionamento quando, a quatro mãos, caçam, cozinham e comem lagostas. Em "Sonhos Eróticos de uma Noite de Verão", quando sua mulher o interroga a respeito de um antigo relacionamento, o marido (personagem vivido por Woody Allen) responde com um certo nervosismo: "Saímos juntos uma vez... e comemos algumas lagostas... isso foi tudo!"

Sua aparência inspira o ilustre colunista de humor Agamenon Mendes Pedreira, que costuma travestir-se de lagosta em várias missões jornalísticas para melhor observar o que acontece. Como na festa dos quarenta anos da TV Globo, quando foi colocado numa travessa e servido na mesa de Faustão, Jô Soares, Bussunda e Regina Casé.[10]

Na hora da morte, provoca celeumas: como matar uma lagosta sem causar muito sofrimento? Enfiando uma faca entre os seus olhos? Colocando-a numa panela de água fervente bem tampada para ela não escapulir? Ou começar com água gelada e ir gradualmente esquentando até ferver? Pondo-a em um micro-ondas? Cozinhá-la no vapor, sobre caldo de peixe, de legumes ou em água do mar? Dar pequenos choques elétricos? O pior é constatar que, mesmo depois de morta, seus músculos continuam se movimentando por algum tempo. Ela mexe as antenas e as pernas como se estivesse viva.

O tradicional prato odori-gui, sashimi de lagosta viva, é comum no Japão. Na verdade, a bichinha já está morta, mas como é morta na hora de servir, apresenta reflexos, como o de sair da travessa e dar uma caminhada sobre a mesa. É um exercício de poder entre aquele que mata e come e aquele que morre e vira comida. O gosto do crustáceo? Sensual, erótico, delicadíssimo.

Maior frescor e delicadeza impossível. Mas nem todas as culturas aceitam comer algo que aparenta estar vivo e se mexa.

Entre suas peculiaridades, a lagosta troca de casca várias vezes em sua vida, como se trocasse de pijama ou baby-doll. À medida que seu corpo cresce (algumas espécies atingem até 50 cm de comprimento), ela rasga a carcaça que ficou pequena e fabrica uma maior. Ao contrário dos moluscos, que aproveitam suas conchas e vão aumentando as beiradas exteriores (os moluscos encompridam o pijama), os crustáceos exibem roupa nova. A lagosta até bebe bastante água nesse período para, quando a nova carcaça ficar pronta, poder usufruir um pouco mais de conforto e espaço, até o momento da próxima muda.

Sexo é outra perturbação. Acontece uma vez a cada dois anos, aproximadamente; quando ela está em tempo de muda, frágil, seminua, desprovida de sua armadura. Justo nesse período, ela se esconde e aproveita para fazer sexo e engravidar. Jeffrey Steingarten, em *Deve ter sido alguma coisa que eu comi*, conta que o acasalamento segue-se à muda e dura cerca de meia hora:

> O macho fica sobre a fêmea, sustentando-se nas suas unhas e cauda, e vira a fêmea com delicadeza com suas dez pernas. Durante a cópula, que dura entre oito segundos e um minuto, ele coloca um pacote selado de seu esperma numa bolsa no abdômen dela, empregando o método do impulso. Passa então a protegê-la por uma semana mais ou menos, enquanto come a carapaça que ela descartou. Ela vai embora, enterrando-se na areia até que sua carapaça esteja dura o bastante para resguardá-la. Ela só vai usar o esperma guardado no verão seguinte ou quando lhe der na telha. Depois de um ano, mais ou menos, produzirá entre 5 mil e 100 mil

ovas, fertilizando-as ela mesma, de algum modo, e prendendo-as na parte de baixo de sua cauda, onde permanecerão por um ano antes de sair do ovo.[11]

As lagostas costumam habitar fundos rochosos, perto do litoral. Seus abrigos têm duas ou mais entradas e elas passam a maior parte do tempo em casa, aventurando-se a sair depois que o sol se põe para procurar comida. Não comem animais mortos, mas se banqueteiam com vários frutos do mar. Podem comer-se entre si: daí não ser conveniente deixar lagostas sem alimentos num aquário reduzido, pois acabam se matando. Como lagosta não gosta de temperatura muito fria, hiberna num buraco no fundo do mar durante o inverno. Só sai quando a temperatura se ameniza.

É fundamental comprar lagosta viva. Escolha uma animada, sacudindo a cauda, mexendo com as pinças (cuidado, machucam). Se a cabeça não se sustenta ao ser apanhada, não está fresca. E se ela estiver por muito tempo num viveiro, preste atenção: a prisão ocasiona um estresse que fará ela soltar uma baba, indício de carne menos saborosa e mais fibrosa. As lagostas variam de gosto e textura conforme o lugar em que estejam, pois não vivem na mesma água, não se alimentam da mesma maneira. As brasileiras costumam pesar de 1kg a 3kg. Em contrapartida, as europeias e as norte-americanas pesam o dobro ou o triplo. Entre as famosas, as lagostas da Bretanha, na França, e as do Maine, nos Estados Unidos.

A lagosta não se preocupa muito com peso, mas dita moda e inspira tendências, como os vestidos rabo de lagosta da época de Proust: as mulheres exibiam caudas poderosas! Quanto a tonalidades, muda sem medo: quando crua, sua carapaça é esverdeado-escura. Depois do cozimento, a lagosta apresenta casca com coloração laranja ou avermelhada e, por isso, ganha o apelido de "cardeal do mar". A fêmea vem com um prêmio para os chefs: o coral (as ovas) usado para dar sabor e cor à manteiga da lagosta ou a molhos em geral.

Sangue de lagosta não chega a ser algo apetitoso. É bebida servida nos bares de Hanói, com toda a rudeza que você imagina. O garçom se aproxima com a lagosta ainda se debatendo, segura-a sobre um copo e enfia uma faca nos seus órgãos genitais. Sai um líquido translúcido e levemente leitoso, rapidamente misturado à vodca.[12]

Segundo os experts, para pratos quentes saborosos, a lagosta deve estar viva e ser morta perfurando-se o cérebro pouco antes de ser usada. Já os pratos frios podem ser feitos com lagostas levemente fervidas. Mas o ideal é ter lagostas vivas e frescas sempre. No tempo em que era fartamente encontrada, era fácil. A lagosta servia até de isca em pescaria. Hoje está ameaçada de extinção: em dez anos, a pesca predatória reduziu em 80% a produção de lagosta. A quantidade pescada caiu de cerca de 8 mil toneladas para menos de 2.500 toneladas anuais.[13]

Assim como Alice no País das Maravilhas aprende a dançar a quadrilha das lagostas com a tartaruga fingida, na década de 1980 muita gente boa aprendeu com o chef Renato Freire a receita da falsa lagosta.[14] Sem precisar de muita contradança, todos queriam fazer o prato de lagosta que tinha muitas coisas, menos a própria. No entanto, seu gosto estava lá, nem um pouco fingido. A mistura equilibrada de peixe, ovo e tomate reproduz o sabor do crustáceo.

A lagosta tem primos em segundo grau, como o lagostim, de outro gênero, mas com algum parentesco.

A lagosta aparece em vários pratos famosos, como a bisque,[15] a lagosta ao chocolate da Catalunha, a lagosta suada portuguesa, a lagosta ao termidor. Grandes chefs atuais prestam-lhe homenagens significativas. Belo exemplo é o de Alain Passard, que vem se dedicando, nos últimos anos, a cozinhar legumes de todos os jeitos, numa comida "original, precisa, provocante e muito gostosa". Mas Passard nunca fará de seu restaurante um local de comida exclusivamente vegetariana. Motivo? "Gosto muito de lagostas para ser vegetariano."[16]

A lagosta tem primos em segundo grau, como o lagostim, de outro gênero, mas com algum parentesco. Este possui carapaça marrom-avermelhada, mas em tamanho bem menor, assemelhando-se mais a um camarão grande. Entre suas características, a ausência de antenas longas. Já a cavaquinha, ou lagosta-sapateira, é uma pequena lagosta, com cauda em forma de leque e corpo em formato triangular, afinando-se perto da cauda. Sem espinhas dorsais nem antenas, tem fã-clube de peso, que considera seu sabor superior ao da lagosta comum. É também chamada cigarra-do-mar ou lagosta-da-pedra.

Seja qual for o tipo, a lagosta provoca um certo alvoroço. É personagem papa-fina, presente em várias piadas. Como a do sujeito que detestava a sogra. Há até duas versões dessa narrativa, sendo a segunda de autoria do empresário e membro da Confraria Companheiros da Boa Mesa, *Sir* Roberto Hirth. Vejamos a primeira:

> O cara saiu com a sogra um dia para passear de barco e, passado algum tempo, conseguiu empurrá-la para o mar, matando-a. Depois vieram lhe contar que o corpo dela fora encontrado, coberto de lagostas. Ele pediu então que separassem o corpo da sogra das lagostas porque iria comê-las no banquete que faria após o cerimonial de enterro da sogra.

Na versão de Hirth, o fim é um pouco diferente: "Ele pediu, então, que separassem o corpo da sogra das lagostas. As lagostas seriam devidamente saboreadas e a isca poderia ser novamente jogada ao mar..."

Na literatura, continuam suculentas e sedutoras, muitas vezes com toques de humor:

> Lagostas, ah, lagostas. Em Acapulco, você as come à beira-mar com a orquestra ao fundo tocando música típica mexicana (Jorge Benjor, Roberto Carlos) e os garçons tirando as velhinhas americanas para dançar e, claro, esquecendo metade do seu pedido. São duas caudas de lagostas enormes e um potezinho transbordando de manteiga derretida entre as duas. Mas uma lagosta que comi certa vez em Nazaré, Portugal, ainda desperta reverência e saudade.
>
> *A mesa voadora, de* Luis Fernando Verissimo[17]

Arthur Azevedo, em *A capital federal*,[18] também usa da lagosta para evidenciar a conotação de produto nobre:

Figueiredo – E que ideia foi aquela ontem de darem lagostas ao almoço?

O Gerente – Homem, creio que lagosta...

Figueiredo – É um bom petisco, não há dúvida, mas faz-me mal!

O Gerente – Pois não coma!

Figueiredo – Mas eu não posso ver lagostas sem comer!

O Gerente – Não é justo por sua causa privar os demais hóspedes.

Figueiredo – Felizmente até agora não sinto nada no estômago... É um milagre! E sexta-feira passada? Apresentaram-me ao jantar maionese. Maionese! Quase atiro com o prato à cara do criado!

O Gerente – Mas comeu!

Figueiredo – Comi, que remédio! Eu posso lá ver maionese sem comer? Mas foi uma coisa extraordinária não ter tido uma indigestão!

Camarão

A empadinha se desmancha na boca, o recheio de camarões é macio e gostoso, um sutil perfume se instila pela fumaça quentinha que se esvai com a mordida. Saboreio várias empadinhas antes de rumar para o bobó – genial combinatória entre aipim e camarão – ou esticar-me até o dandá.[19] Amplio meus horizontes, lembro-me da cozinha créole de Nova Orleans, da tempura japonesa, dos pratos tailandeses e chineses agridoces, da chupe de camaronês:[20] delícias ímpares. Tem mais: nosso camarão com chuchu é tão fascinante que foi o argumento final para que o famosíssimo chef francês Paul

Bocuse fincasse um pé no Rio de Janeiro, dando consultoria ao restaurante Le Saint Honoré. Ao provar da iguaria que ainda não conhecia, admirando o frescor, o casamento e a capacidade combinatória dos gostos, exclamou feliz: "Bom demais!" E ficou imaginando diferentes pratos unindo camarões, temperos e outros produtos brasileiros.

Grande ou pequeno, habitando água doce ou salgada, o camarão é referência de festa. Seja nas cascatas que enfeitam os bufês; seja nos coquetéis que marcaram época na década de 1950; seja nas cascas fritas para tira-gostos, que os botequins de respeito sabem preparar. Do minúsculo krill das águas frias da Antártida (que serve de alimento às baleias) ao pitu das costas brasileiras, que chega a alcançar 48cm, são milhares de toneladas a cada ano, consumidas cruas, frescas, congeladas, salgadas, em conserva, secas, prensadas ou não. Branco, cinza e rosa são as variedades mais encontradas. Quanto à sigla VG, trata-se de invenção de comerciante: "Verdadeiro Grande". Provavelmente o nome foi criado, primeiro, para o camarão-branco e depois se espalhou para todos os outros tipos. Segundo István Wessel,[21] existem no mundo mais de 180 opções dessa carne rica em proteínas, vitaminas e sais minerais, mas que possui alto teor de colesterol.

É encontrado em geral junto da costa, nos leitos dos riachos, rios, lagoas e alagados. Maria Lucia Gomensoro, em seu *Pequeno dicionário de gastronomia*,[22] explica que, quando fresco, tem carne firme, casca inteira e colada à carne. Cheiro característico, mas não forte. Deve ser preparado no mesmo dia da compra, pois é facilmente perecível. Os congelados devem estar limpos, sem a cabeça e as cascas, em embalagem hermeticamente fechada, sem cheiro nenhum, e recomenda-se que sejam utilizados logo que descongelados.

Atenção:

- Na culinária do Norte e do Nordeste, camarão seco é o que foi salgado; já na Bahia, o que foi defumado.
- Em geral, o camarão está presente nos pratos salgados, mas há registro de uma antiga sobremesa do litoral do Paraná: o camarão em calda.
- Ao limpar o camarão, retire imediatamente a cabeça, porque é lá que se concentram os excrementos e é por onde os camarões começam a estragar. Daí também surgiu a expressão depreciativa "Seu cabeça de camarão".
- Portanto, jamais congele um camarão com cabeça, nem compre camarão sem casca. István Wessel explica: não pense que a falta de casca representa perigo para consumo, mas entre a casca e a carne fica a bisca, película responsável pelo sabor do camarão. A retirada da casca só deve ocorrer no momento do preparo e do consumo.

O camarão está sempre presente na cultura gastronômica mundial. Na Tailândia, um tradicional ditado revela como o camarão é tido e respeitado como algo nobre: "Nossa terra é tão luxuriante que na estação das monções dizemos que está chovendo camarões."[23]

No Rio de Janeiro, no século XVIII, mais precisamente em 1789, o arroz com camarão era prato tão considerado que, por ordem do vice-rei Luiz de Vasconcellos, promoveu-se uma série de degustações no Passeio Público, justamente para ressaltar sua importância culinária. Houve protestos. Não pelo camarão, mas pelas beatas que consideraram um "acinte público" ficar comendo a iguaria em plena rua.

Vamos deixar o historiador Luís Edmundo[24] completar a descrição, saborosa, da história:

As beatas, de mantilha, quando voltavam, pelo crepúsculo da tarde, do terraço do Sou Útil, ainda brincando, após gozar a brisa fresca da Barra, dando com os pavilhões de comer já armados com toalhas de linho e serpentinas de várias luzes acesas, iluminando o azulado das porcelanas da Índia, embora sem ver o camarão da estroinice, persignavam-se rosnando doestos, mastigando ultrajes, soando desaforos, furiosas com os desavergonhados que não se pejavam de comer em público (...) terminavam por desancar de vez o infeliz D. Luiz: "Desavergonhado que, usando calças de estalar, havia inventado ainda por cima, ceias públicas com camarão e pimenta, vinho, e até mulheres de qualquer cor..."[25]

Já em outros tempos, perguntado sobre o que mais o encantara na cidade do Rio de Janeiro, D. Alberto, rei da Bélgica, respondeu: "Camarões com chuchu."[26] De fato, o camarão com chuchu é "prato envolvente, de aroma apurado. Desnorteia, embebeda. E isso sem recorrer a artifício algum – afinal de contas, o que caracteriza o ensopado é, justamente, o fato de ele ser servido no próprio molho que o cozinhou".[27]

José Hugo Celidônio, em seu livro *Histórias e receitas*, recomenda cuidados com os "canalhas" de camarão.[28] Ou seja, aquelas pessoas que ficam catando os camarões das travessas e tigelas, nada deixando além de sobras raladas do molho.

A tribo mais poderosa do Nordeste colonial era conhecida pelos portugueses como potiguares – ou comedores de camarão.

A adoração ao camarão já estava presente entre os primeiros brasileiros: a tribo mais poderosa do Nordeste colonial era conhecida pelos portugueses como potiguares – ou comedores de camarão. Alguns índios até chamavam-se Poti, que em tupi significa camarão.[29] A moda pegou entre os europeus e camarão virou nome de gente, como Antonio Filipe Camarão, brigadeiro Camarão, Rodrigo Camarão, Afrânio Uchoa Camarão etc. Camarão também pode ser tom de pele: "ficar um camarão" quer dizer muito queimado de sol. Também dizemos "ficar vermelho como um camarão".

Curiosidades

De acordo com pesquisadores da Universidade de Bristol, na Inglaterra, existiu, há muitos e muitos anos, um camarão gigantesco (com cerca de dois metros) batizado por eles de *anomalocaris*. Hoje a curiosidade é outra: o camarão que usa a dança como técnica de venda. Em artigo publicado na

Folha de S.Paulo,[30] informa-se que biólogas australianas descobriram que uma espécie de camarão-limpador dos recifes do Pacífico dança para oferecer seus serviços a peixes que nadam por lá.

Tudo acontece porque o camarão-limpador-de-bico-amarelo (*Urocaridella sp.*) se alimenta de parasitas e vermes que atacam a pele de uma espécie de garoupa. Quando precisa de uma geral, a garoupa nada até as áreas habitadas pelos camarões, à procura de quem faça o serviço.

A interação entre um peixe carnívoro e um invertebrado de cinco centímetros é sempre delicada. Primeiro, o "cliente" precisa reconhecer o "prestador de serviço". Depois, tem de resistir à tentação de comer o limpador. Enquanto isso, o camarão faminto oferece seus "trabalhos" e tenta atrair o freguês por meio de uma espécie de dança para um lado e para o outro.

As pesquisadoras observaram esse comportamento durante uma série de mergulhos e, depois, em laboratório. Elas colocaram em um aquário dois camarões, um faminto e um que havia sido alimentado. Em seguida, soltaram uma garoupa no local e constataram que, quanto maior a fome, mais esforço o camarão flanelinha fazia para propagandear seu serviço de limpeza ao peixe cliente. "Como em mercados humanos, os comerciantes devem anunciar seus produtos, fazendo da propaganda uma das bases de um mercado biológico", escrevem as autoras.

Na literatura, camarão rende crônicas, como esta de Carlos Drummond de Andrade:

No restaurante

– Quero lasanha.

Aquele anteprojeto de mulher – quatro anos, no máximo, desabrochando na ultraminissaia – entrou decidido no restaurante. Não precisava de menu, não precisava de mesa, não precisava de nada. Sabia perfeitamente o que queria. Queria lasanha.

O pai, que mal acabara de estacionar o carro em uma vaga de milagre, apareceu para dirigir a operação-jantar, que é, ou era, da competência dos senhores pais.

– Meu bem, venha cá.

– Quero lasanha.

– Escute aqui, querida. Primeiro, escolhe-se a mesa.

– Não, já escolhi. Lasanha.

Que parada – lia-se na cara do pai. Relutante, a garotinha condescendeu em sentar-se primeiro, e depois encomendar o prato:

– Vou querer lasanha.

– Filhinha, por que não pedimos camarão? Você gosta tanto de camarão.

– Gosto, mas quero lasanha.

– Eu sei, eu sei que você adora camarão. A gente pede uma fritada bem bacana de camarão, tá?

– Quero lasanha, papai. Não quero camarão.

– Vamos fazer uma coisa. Depois do camarão, a gente traça uma lasanha. Que tal?

– Você come camarão e eu como lasanha.

O garçom aproximou-se, e ela foi logo instruindo:

– Quero uma lasanha.

O pai corrigiu:

– Traga uma fritada de camarão pra dois. Caprichada.

A coisinha amuou. Então não podia querer? Queriam querer em nome dela? Por que é proibido comer lasanha? Essas interrogações também se liam no seu rosto, pois os lábios mantinham reserva. Quando o garçom voltou com os pratos e o serviço, ela atacou:

– Moço, tem lasanha?

– Perfeitamente, senhorita.

O pai, no contra-ataque:

– O senhor providenciou a fritada?

– Já sim, doutor.

– De camarões bem grandes?

– Daqueles legais, doutor.

– Bem, então me vê um chinite e pra ela... O que é que você quer, meu anjo?

– Uma lasanha.

– Traz um suco de laranja pra ela.

Com o chopinho e o suco de laranja, veio a famosa fritada de camarão, que, para surpresa do restaurante inteiro, interessado no desenrolar dos acontecimentos, não foi recusada pela senhorita. Ao contrário, papou-a, e bem. A silenciosa manducação atestava, ainda uma vez, no mundo, a vitória do mais forte.

– Estava uma coisa, hem? – comentou o pai, com um sorriso bem alimentado. – Sábado que vem, a gente repete... Combinado?

– Agora a lasanha, não é, papai?

– Eu estou satisfeito. Uns camarões tão geniais! Mas você vai comer mesmo?

– Eu e você, tá?

– Meu amor, eu...

– Tem de me acompanhar, ouviu? Pede a lasanha.

O pai baixou a cabeça, chamou o garçom, pediu. Aí um casal, na mesa vizinha, bateu palmas. O resto da sala acompanhou. O pai não sabia onde se meter. A garotinha, impassível. Se, na conjuntura, o poder jovem cambaleia, vem aí, com força total, o poder ultrajovem.[31]

Caranguejo

Caranguejo não é peixe...
caranguejo peixe é...
caranguejo só é peixe
lá no fundo da maré...
(Cancioneiro popular)

Os caranguejos não são peixes dentro de conchas, apesar de muita gente assim pensar. São membros da família dos artrópodes, que também inclui aranhas, escorpiões e certos insetos. Crustáceos como camarões, lagostas, siris, percebes e tatuís, os caranguejos têm carapaças duras que, de tempos em tempos, eles trocam. Possuem cinco pares de pernas terminadas em unhas pontudas. Quando o último par for de nadadeiras, teremos um siri. Outras diferenças entre o caranguejo e o siri estão na conformação do corpo, na coloração, no tamanho. O caranguejo pode ser terrestre ou aquático, marinho ou de água doce, preferindo viver em tocas e em mangues. Como os da espécie guaiamum, de coloração azul e muito sabor nas carninhas. Ou o aratu, pequeno, avermelhado, muito apreciado na Bahia.

A captura de caranguejos é uma das principais atividades dos moradores de mocambos no Nordeste, registrada em vários poemas do pernambucano João Cabral de Melo Neto, como o belíssimo *O cão sem plumas* ou *Morte e vida severina*, auto de Natal pernambucano.

Aquele rio
era como um cão sem plumas.

Nada sabia da chuva...,
da fonte cor-de-rosa.
Sabia dos caranguejos
De lodo e ferrugem.
Sabia da lama como de uma mucosa.
O cão sem plumas, João Cabral de Melo Neto[32]

...Vou dizer todas as coisas
que desde já posso ver
na vida desse menino
acabado de nascer:
aprenderá a engatinhar
por aí, com aratus,
aprenderá a caminhar
na lama, com guaiamuns,
e a correr o ensinarão
os anfíbios caranguejos,
pelo que será anfíbio
como a gente daqui mesmo.
Cedo aprenderá a caçar:
primeiro com as galinhas,
que é catando pelo chão
tudo o que cheira à comida;
depois aprenderá com
outras espécies de bichos:
com os porcos nos monturos,
com os cachorros no lixo.
Vejo-o, uns anos mais tarde,
na ilha de Maruim,

vestido negro de lama,
voltar de pescar siris;
e vejo-o, ainda maior,
pelo imenso lamarão
fazendo dos dedos iscas
para pescar camarão.

Morte e vida severina, João Cabral de Melo Neto[33]

O caranguejo tem um grande trunfo na hora de agradar a quem o come: além de alimento rico em proteínas, vitaminas e sais minerais; além da carne deliciosa e delicada, sem exigir grandes preparos (a forma ideal é deixá-lo cozinhando em água e sal); além disso tudo, vale por uma sessão de descarrego: o namorado deu bolo? O chefe está pegando no pé? A vida está chata? Libere os recalques e, com um pequeno martelo, saia marretando os bichos, comendo suas "filigranas", chupando os ossinhos, saboreando muito o momento.

Delícia também é a patinha de caranguejo empanada ou quando o caranguejo chega inteiro, imenso, à mesa, como centolla, crab king ou aranha-do-mar (spider crab), que são caranguejos gigantes, enormes, cujo diâmetro chega a sessenta centímetros. Enriquecem saladas, sopas, suflês, fritadas, moquecas e pirões, enfeitam as mesas mais gloriosas e ainda dão margem a histórias de ficção científica, como *The time machine*, de H.G. Wells, em tradução livre da professora Maria Regina de Souza Moraes.[34]

A máquina do tempo

De onde eu me encontrava, ouvi um grito áspero, olhei e percebi uma coisa enorme como uma vibrante borboleta voando em círculos até sumir além de umas pequenas colinas. O som da sua voz era de uma desolação tal que me fez tremer. Busquei apoio no assento da máquina. Olhei em torno e vi que se aproximava uma massa vermelha tal uma rocha. A criatura assemelhava-se a um imenso caranguejo. Imagine um avantajado caranguejo cujas patas se movimentavam de forma lenta e insegura. Balançava suas enormes garras e as antenas longas eram como coleantes e sensíveis chicotes. Fixou em mim os olhos reluzentes e metálicos. A parte traseira era ondulada e ornada, aqui e acolá, com incrustações esverdeadas. Eu ainda podia ver os muitos sensores de sua complexa boca cintilando e percebendo o ambiente enquanto se moviam.

Eu permanecia com os olhos fitos naquela sinistra figura que continuava a rastejar em minha direção. Percebi uma leve sensação no meu queixo como se, ali, de leve, uma mosca houvesse pousado. Tentei espantá-la com a mão, mas, quase no mesmo instante, ela retornou e, logo em seguida, outra pousou perto de minha orelha. Dei um golpe com a mão e deparei-me com algo parecido com uma mancha alongada que fugiu rapidamente por entre meus dedos. Tomado por uma sensação desagradável, voltei-me lentamente; só, então, percebi que havia agarrado a antena de um ser parecido com um caranguejo e que estava bem atrás de mim. Seus olhos maliciosos contorciam-se em suas órbitas, a boca era ávida e as garras, inutilmente vastas e manchadas por algas, pendiam sobre mim. Pus a mão na alavanca e interpus um mês de distância entre mim e a aparição. Após a manobra, ainda me encontrava na mesma praia e, de onde eu estava estacionado, podia ver as monstruosas criaturas. Dúzias delas rastejavam por vários lugares entre luzes e as sombras projetadas por folhas de um verde intenso.[35]

O caranguejo deve ser adquirido vivo, mas, na impossibilidade, apele para a carne congelada ou enlatada. Outra opção é o kani-kama – a palavra kani, em japonês, designa caranguejo. No entanto, o produto encontrado comercialmente não é um crustáceo. Conforme elucida Rolando Lopes Pontes Barreto,[36] trata-se de um processado de pescado branco, albumina, amido, água, sal, açúcar, proteína de soja, glutamato de sódio, corantes, sorbitol, espessante carreginina e flavorizante natural de caranguejo. Costuma ser vendido em pacotes com pequenos bastonetes: em geral, as pessoas os desfiam, misturam com folhas verdes e tomatinhos cereja, gotas de azeite, e surge uma salada para os dias quentes.

No dicionário, caranguejar é andar como caranguejo, lentamente e para trás; também pode significar vacilar. Mas quem prova um caranguejo bem-feito não hesita em aceitar outro.

Na literatura

A um indivíduo que o fora consultar enfermado pela moléstia de Friedreich, queixando-se muito da marcha propulsiva, que já o fizera levar várias quedas, o professor Filomeno, ao invés de qualquer prescrição medicamentosa, preferira recomendar uma alimentação intensiva pelos siris e caranguejos. Mais tarde ele explicara a Raul por que assim procedera, começando por lhe citar um aforismo latino: *"Cancri nunquam recte ingrediuntu."*

Como Raul não compreendesse o latinório e se mostrasse um tanto atrapalhado, o Dr. Filomeno logo traduziu:

– Os caranguejos nunca andam em linha reta. Compreendes agora por que lhe receitei os crustáceos? Ora, se esse indivíduo tem uma desordem do equilíbrio que o impele a correr e cair para a frente, nada mais natural do que neutralizar essa força propulsora por meio dos gânglios nervosos dos siris e caranguejos, que são animais exclusivamente laterigrados, isto é, só sabem andar para os lados.

Marginália, de Lima Barreto[37]

Siri

De papo pro ar
Não quero outra vida
Pescando no Rio de Gegeré
Tem peixe bom, tem siri-patola
De dá com pé.[38]

Quando criança, apesar de menina urbana que sempre residiu em Copacabana, já conhecia essa música, cantarolava com minha mãe. Não entendia direito, ficava imaginando o que seria um siri-patola... Hoje sei que patola é a pata mais desenvolvida dos siris, a que agarra melhor. Por isso, os siris-patolas recebem também o nome de chama-maré, pelo fato de movimentarem constantemente essa pinça, como se estivessem chamando as águas do mar.

A palavra siri vem do tupi, quer dizer correr, deslizar, andar para trás. Ele é rápido na corrida. Vive nas águas próximas ao litoral, gosta de sair para as praias, onde se enterra em segundos. Alimenta-se de detritos em geral. Entre os vários tipos de siri, existe o siri-chita, facilmente reconhecível pela carapaça vermelho-escura com pingos brancos arredondados.

A carne desse crustáceo é branca ou rosada, firme, de sabor delicado, mais suave que a do caranguejo. O ideal é saboreá-lo cozido em água e sal. Há que haver uma certa paciência em catar sua carne. O siri entra com sucesso no preparo de moquecas, fritadas, quiches, tortas, pastéis, saladas, croquetes. Na casquinha de siri, a carne vem refogada com temperos, dentro da própria casca. Usando temperos com parcimônia e trabalhando com siri fresquinho, o espetáculo está garantido.

Durante a época de mutação de sua carcaça, num processo que dura aproximadamente 24 horas, ganha atrativo máximo: vira o siri-mole, caçado febrilmente, para originar deliciosos ensopados e moquecas. A receita da moqueca de siri-mole de Dona Flor, escrita por Jorge Amado, é texto sensual, sedutor, atraente. Como diz o autor, seu beijo arde...

Moqueca de Siri-Mole

(Receita de Dona Flor)

Aula teórica, ingredientes (para 8 pessoas): uma xícara de leite de coco, puro, sem água; uma xícara de azeite de dendê; um quilo de siri-mole. Para o molho: três dentes de alho; sal a gosto; suco de um limão; coentro; salsa; cebolinha verde; duas cebolas; meia xícara de azeite doce; um pimentão; meio quilo de tomate. Para depois: quatro tomates; uma cebola; um pimentão.

Aula prática:

Ralem duas cebolas, amassem o alho no pilão; cebola e alho não empestam, não senhoras, são frutos da terra, perfumados. Piquem o coentro bem picado, a salsa, alguns tomates, a cebolinha e meio pimentão. Misturem tudo em azeite doce e, à parte, ponham esse molho de aromas suculento (essas tolas acham a cebola fedorenta, que sabem elas dos odores puros? Vadinho gostava de comer cebola crua e seu beijo ardia).

Lavem os siris inteiros em água de limão, lavem bastante, mais um pouco ainda, para tirar o sujo sem lhes tirar, porém, a maresia. E agora a temperá-los: um a um no molho mergulhando, depois na frigideira colocando um a um os siris com seu tempero. Espalhem o resto do molho por cima dos siris bem devagar que esse prato é muito delicado (Ai, era o prato preferido de Vadinho!).

Tomem de quatro tomates escolhidos, um pimentão, uma cebola, tudo por cima e em rodelas coloquem para dar um toque de beleza. No abafado, por duas horas, deixem a tomar gosto. Levem depois a frigideira ao fogo (Ia ele mesmo comprar o siri-mole, possuía freguês antigo no mercado...).

Quando estiver quase cozido e só então juntem o leite de coco e, no finzinho, o azeite de dendê, pouco antes de tirar do fogo (Ia provar o molho a todo instante, gosto mais apurado ninguém tinha).

Aí está este prato fino, requintado, da melhor cozinha, quem o fizer pode gabar-se com razão de ser cozinheira de mão-cheia.

Mas, se não tiver competência, é melhor não se meter; nem todo mundo nasce artista do fogão (Era o prato predileto de Vadinho nunca mais em minha mesa o servirei.

Seus dentes mordiam o siri-mole, seus lábios amarelos do dendê. Ai, nunca mais seus lábios, sua língua, nunca mais sua ardida boca de cebola crua!)

Dona Flor e seus dois maridos, Jorge Amado[39]

"Boca de siri", recomendam as pessoas, querendo dizer que é melhor ficar calado em certas situações. Mas não resisto: veja o que anda pela internet sobre esse assunto.[40] As respostas são do Dr. José Luiz Viana de Carvalho, da Empresa Brasileira de Pesquisa Agropecuária (Embrapa).

Você sabia?

- Que existem caranguejos ermitões que comem cocos, pegando-os no topo dos coqueiros? Seu nome científico, *Birgus latro*, quer dizer "ladrão de coqueiros".

- O coconut crab pesa até 3kg e tem cerca de 1m de envergadura quando adulto. Gosta de comer a *flesh* do coco, aquela babinha do coco verde. Normalmente ele fura o fruto por cima e escava tirando a carne, porém come outras coisas também. É um baita comilão.

- Que o caranguejo *Ocypode quadrata* é chamado "caranguejo fantasma" porque é todo branco e só sai à noite?

- É o popular maria-farinha, que vive em toca cavada nas areias da praia. Já foi figurinha fácil em Copacabana e Ipanema; hoje é ainda encontrado em praias supostamente desertas. Tem os olhos sensíveis à luz e de noite vai atrás de comida.

- Que um caranguejo da Ilha Trindade (ES), conhecido como "caranguejo ladrão", tem uma especialidade? "Roubar" máquinas fotográficas de turistas desavisados, levando-as para o mar.

- Roubar máquina é forte. Na realidade, eles pegam tudo o que podem arrastar. Um coconut crab adulto carrega até 28kg, a não ser que seja treinado para se apresentar em circo, isso é mais uma lenda urbana.

- Que existem crustáceos chamados de corruptos?

- Muitas famílias de crustáceos decápodos têm representantes com o hábito de escavar, mas nenhum é tão notável como os *Thallassinidea*, mais especificamente da família *Callianassidae*, que podem construir passagens subterrâneas com até 1,5m de profundidade em lama e areia na região médio-litoral. Essa adaptação é uma eficiente proteção contra os predadores, sendo muito difícil a sua captura; por isso são conhecidos em países de língua inglesa como ghost shrimps e, no Brasil, pelo mesmo motivo, são popularmente denominados "corruptos". São utilizados como isca para a pesca de peixes nobres.

- Que a tamarutaca (cannocchie, em italiano) é considerada espécie violenta da escala animal, podendo quebrar um aquário com uma única pancada de suas garras?

- O nome científico da tamarutaca é *Squilla sp.* As tamarutacas são predadores altamente especializados em peixes, caranguejos, camarões e moluscos; e muitas de suas características distintivas estão relacionadas ao seu comportamento predatório. Possuem um par de apêndices grandes e desenvolvidos para alimentação predatória. A margem interna desse apêndice é provida de espinhos longos ou tem a forma de uma lâmina. Seus apêndices também são utilizados para defesa. Algumas espécies podem atingir de 5cm a 36cm.

- A maioria das tamarutacas é encontrada em todos os mares tropicais. Algumas pessoas as usam como iscas em pescarias. Veja como capturá-las:

- São encontradas em algumas praias rasas de nosso litoral. Atraem bem, embora sejam pouco usadas por falta de conhecimento e divulgação. Para pegar as tamarutacas, deve-se procurá-las na areia da praia com maré baixa. No máximo, com 40cm ou 50cm (ver as tábuas das marés). Com maré mais alta, fica praticamente impossível localizá-las. Moram com os corruptos, só que os furos na areia são de maior diâmetro, parecidos com os de canetas esferográficas.

- Para retirá-las da areia, usa-se o mesmo tipo de bomba de sucção empregada para capturar corruptos. Em geral, em cada furo moram duas tamarutacas, provavelmente um casal. Uma tem cor preta e a outra é bem clarinha, quase transparente. São muito rápidas e espertas. A um leve toque viram-se rapidamente e tentam ferroar a mão com dois espetos posicionados na nadadeira caudal. Antes de guardar na geladeira, corte, com uma tesoura, esses dois espetos da cauda para evitar ferimentos bem desagradáveis nas mãos.

- São pequenas. Seu tamanho é de mais ou menos 4cm a 5cm. Em determinada época do ano, encontra-se uma espécie de tamarutaca maior, que é vendida nas peixarias com o nome de lacraia. Chegam à média de 25cm a 30cm de comprimento e se parecem com lagostas, sem antenas.
- Que os siris e caranguejos possuem a capacidade de regenerar suas garras, perdidas nas inúmeras batalhas que realizam pela sobrevivência?
- A regeneração é possível e ocorre; a questão é se ele sobreviverá até que isso ocorra. Com auxílio de suas garras, eles fazem e desmancham tudo o que for possível para se esconder e sobreviver. Na selva é cada um por si.

Na música

Retrato de um cotidiano vagamente suburbano, totalmente hilário e fascinante. "Siri Recheado e o Cacete", música de João Bosco e Aldir Blanc, é imperdível.

Siri Recheado e o Cacete

Saí com a patroa pra pescar

no canal da Barra uns siris pra rechear

siri como ela encheu de me avisar

era o prato predileto do meu compadre Anescar
levei arrastão e três puçás
um de cabo outros dois de jogar
de isca um sebo da véspera, e pra completar cachaça Iemanjá
birita que dá garantia de ter maré cheia
choveu siri do patola, manteiga, azulão, um camaleão,
no tapa a minha patroa espantou três sereias.
Na volta ônibus cheio, o balde derramou
em pleno coletivo um gato se encrespou
o velho trocador até gritou: Não bebo mais!
Siri passando em roleta, mesmo pra mim é demais!
De medo o motorista perdeu a direção
fez um golpe de vista, raspou num caminhão
pegou um pipoqueiro, um padre, entrou num butiquim
o português da gerência, quase voltou pra Almerim...
Quiseram autuar nossos siris,
mas minha patroa subornou a guarnição
então os cana-dura mais gentis
levaram a gente e os siris pra casa na Abolição
depois do "té logo", "um abração"
fui botar os siris pra ferver
dentro da lata de banha
era um tal de chiar, pagava pra ver
tranquilo o compadre Anescar colocando o azeite
foi um trabalho de cão, mas valeu o suor
croquete, bobó, panqueca, siri recheado, fritada e o cacete.
O Anescar chegou com uma de alambique
me perguntou se eu era Mendonça ou Dinamite
abri uma lourinha, trouxe um prato de croquete

o Anescar mordeu um, feito quem come gilete
baixou minha patroa: Anescar, que qui há?
O Anescar gemeu
dieta de lascar
o médico mandou que eu coma tudo que pintar
até cerveja e cachaça
menos os frutos do mar.
João Bosco e Aldir Blanc[41]

Tatuí

A criançada da década de 1950, em plena Praia de Copacabana, farreava a valer, catando esse pequeno crustáceo de coloração branca, 3cm de comprimento. Como vive enterrado na areia da praia em pouca profundidade, era um tal de deixar a maré vir e baixar e, nos intervalos, cavoucar um pouco a areia onde eles se esconderam, deixando um buraquinho redondo como respiração e indício de que estão por lá. Quando é para ser comido (em geral com arroz), exige muita quantidade na hora da colheita (eram jogados vivos no balde com um pouco de água do mar), porque tem pouca carne. Em tupi significa tatu pequeno.

Percebe

Aparência *sui generis*, o percebe parece a mão de um dinossauro miniatura. Ou, como já foi mencionado, o Coisa, da família Addams. Não apetece prová-lo, mas quem o experimenta não quer saber de outra coisa. Crustáceo de água salgada, que vive agarrado às rochas, é mais fácil de ser pego em noites de lua cheia, quando a maré está baixa. Quem não o conhece, não sabe o que está perdendo. Em Portugal e na Espanha é amplamente valorizado. Sua carne é muito saborosa e tem gosto de mar.

Na literatura

...Amo esse silêncio.

Silêncio de concha e tatuí

No entardecer da praia.

"Mar", Marilena Soneghet[42]

Além se desdobrava o grande, o soberbo mar infindo e glauco, a rugir lamentoso, despejando, envolta em rendas de espuma, a generosa esmola de peixes, moluscos e crustáceos saborosos.

Luzia-Homem, Domingos Olympio[43]

...os homens dispunham-se a comer com apetite. À luz de um antigo candeeiro de querosene, reverberava uma toalha de linho claro, onde a louça reluzia escaldada de fresco; as garrafas brancas, cheias de vinho de caju, espalhavam em torno de si reflexos de ouro; uma torta de camarões estalava sua crosta de ovos; um frangão assado tinha a imobilidade resignada de um paciente; uma cuia de farinha seca simetrizava com outra de farinha-d'água; no centro, o travessão do arroz, solto, alvo, erguia-se em pirâmide, enchendo o ar com o seu vapor cheiroso.

O mulato, Aluísio Azevedo[44]

Direi mais, no interesse mesmo de sua reputação, ele morreu no momento adequado, no ponto, como as lagostas de Caën, grelhadas conforme as receitas incomparáveis de Pampille, vão sê-lo, espero.

À mesa com Proust, Anne Borrel, Alain Senderens e Jean-Bernard Naudin[45]

Sedução é um jogo de esconde/aparece, e os crustáceos são bons jogadores dessa categoria. Surgem das águas, como no texto de *Luzia-Homem*; transformam-se em comida a que não se resiste, como a torta de camarões que estalava sua crosta de ovos em *O mulato*; servem de metáfora para classificar-se o tempo de vida que se merece (*À mesa com Proust*). Haja serventias e prazeres. Paul Bocuse, grande sedutor, explica com bom-senso que "a grande cozinha não é sinônimo de cozinha complicada: pode ser uma lagosta preparada à última hora, uma salada colhida na horta e temperada pouco antes de ir para a mesa".

E qual o crustáceo mais doce, mais tenro que se possa comer?

O crítico de gastronomia da Vogue, Jeffrey Steingarten, afirma sério e compenetrado que, se o preparo for perfeito, respeitando tempo e frescor, os votos correm para as tamarutacas: "Eu seria capaz de matar alguém por um prato dessas tamarutacas grelhadas, o crustáceo mais doce de toda a Criação."[46]

NOTAS

1 Monteiro Lobato, em *Reinações de Narizinho* (16.ed. São Paulo: Brasiliense, 1955, p. 21).

2 O camarão-sete-barbas é o *Xyphopenaeus kroyeri*, comum em todo o Brasil pelas suas sete barbinhas (pode olhar e contar).

3 Atores e personagens dos filmes: Anjelica Huston (Morticia Addams), Raul Julia (Gomez Addams), Christopher Lloyd (Tio Fester/Gordon Craven), Christina Ricci (Vandinha Addams), Jimmy Workmen (o irmão gordinho, Pugsley Addams), Kaitlyn e Kristen Hooper (Pubert Addams, o bebê), Carel Struycken (Lurch, o mordomo) e Christopher Hart (Coisa).

4 Wikipedia, a enciclopédia livre, na internet, retirado do site <http://pt.wikipedia.org/wiki/Crust%C3%A1ceos>.

5 "Crustáceo predador é arma contra a dengue." Artigo publicado em O Globo, O Mundo/Ciência e Vida, 12 fev. 2005, p. 30.

6 Cláudio Fornari. *Dicionário-almanaque de comes & bebes* (Rio de Janeiro: Nova Fronteira, 2001, p. 120).

7 A Bela e a Fera, história da literatura infantil universal.

8 Suzanne Rodriguez–Hunter. *Achados da geração perdida* (Rio de Janeiro: Rocco, 1999, p. 153).

9 Alain Ducasse. *Ducasse de A a Z , um dicionário amoroso da cozinha francesa* (Rio de Janeiro: Ediouro, 2005, p. 151).

10 Agamenon Pedreira. "Hoje a fresta é sua!" Publicado em O Globo, Segundo Caderno, 1º maio 2005.

11 Jeffrey Steingarten. *Deve ter sido alguma coisa que eu comi* (São Paulo: Companhia das Letras, 2004, p. 359).

12 Anthony Bourdain. *Em busca do prato perfeito* (São Paulo: Companhia das Letras, 2003, p. 286-287).

13 Leonardo Valente. "Pesca predatória reduz a 80% a produção de lagosta." Publicado em O Globo, 21 maio 2005.

14 Renato Freire. *A mágica da cozinha, uma revolução dos sabores* (Rio de Janeiro: Record, 1988. p. 75-76).
Receita: Lagosta fingida
1/2kg de filé de pescada; 1/2 dúzia de ovos; 250g de tomate pelado e picado; sal

e pimenta a gosto; 5 colheres de sopa de maionese; 1 colher de sopa de conhaque ou uísque; 1 colher de sopa de ketchup.

Utensílios necessários: frigideira funda, batedor de ovos, forma refratária.

Preparo: 1) Cozinhe o peixe por pouco tempo (4 minutos) em água fervente salgada. 2) Tire as peles e as espinhas e pique o peixe em bocados. Espalhe-o numa forma untada com manteiga. 3) Em seguida, bata 6 ovos com o tomate pelado até ficar um líquido espumoso. Com esse preparado, cubra o peixe, acrescente mais um pouco de sal e pimenta. 4) Leve ao forno até dourar. 5) Misture a maionese, o ketchup e o uísque. Reserve. 6) Sirva quente ou frio, coberto com o molho de maionese, enfeitando o prato à sua maneira.

15 Silvio Lancellotti. *O livro da cozinha clássica* (Porto Alegre: LP&M, 1999). Por volta de 1500, quando a cozinha renascentista valorizou os crustáceos, pescadores do golfo de Biscaia, entre a Espanha e a França, criaram essa sopa aproveitando as cabeças e carcaças dos animais. A palavra bisque advém do nome do golfo.

16 Jeffrey Steingarten. *Deve ter sido alguma coisa que eu comi* (São Paulo: Companhia das Letras, 2004, p. 409).

17 Luis Fernando Verissimo. *A mesa voadora (*Rio de Janeiro: Objetiva, 2001, p. 45).

18 Arthur Azevedo. *A capital federal* (São Paulo: Martin Claret, 2002). Peça teatral, cena III.

19 Dandá de camarões é um tipo de bobó ao qual, além do aipim e do camarão, acrescenta-se palmito.

20 Sopa peruana feita de camarões.

21 István Wessel. "Símbolo de festa." *Revista Gula*, n. 60 (São Paulo: Editora Trad, out. 1997, p. 111).

22 Maria Lucia Gomensoro. *Pequeno dicionário de gastronomia* (Rio de Janeiro: Objetiva, 1999, p. 89).

23 Ruth Reichel. *Conforta-me com maçãs (*Rio de Janeiro: Objetiva, 2003, p. 210).

24 Luís Edmundo. *O Rio de Janeiro no tempo dos vice-reis.* v. 3 (Rio de Janeiro: Conquista, 1956).

25 Sérgio de Souza e Paschoal Ceglia Neto. *O prato nosso de cada dia: arte culinária brasileira* (São Paulo: Yucas, 1993, p. 24-25).

26 Guilherme Figueiredo. *Comidas, meu santo* (Rio de Janeiro: Civilização Brasileira, 1994, p. 73).

27 Ivan Alves Filho; Roberto di Giovanni. *Cozinha brasileira (com recheio de história)* (Rio de Janeiro: Revan, 2000, p. 71).

28 José Hugo Celidônio. *Histórias e receitas* (Rio de Janeiro: Ediouro, 1998, p. 86).

29 Ivan Alves Filho e Roberto di Giovanni. *Cozinha brasileira (com recheio de história)* (Rio de Janeiro: Revan, 2000, p. 96).

30 "Camarão dança para atrair cliente." Publicado em Folha de S. Paulo, Mais!, 8 maio 2005.

31 Carlos Drummond de Andrade. *O poder ultrajovem* (Rio de Janeiro: José Olympio, 1972, p. 3).

32 João Cabral de Melo Neto. *O cão sem plumas.* In: *Antologia poética* (Rio de Janeiro: Sabiá, 1967, p. 203).

33 ____. *Morte e vida severina* (Rio de Janeiro: Sabiá, 1967, p. 110-111).

34 Obra publicada no Brasil com o título *A máquina do tempo*, em 1983, pela editora Francisco Alves.

35 Tradução livre do livro *The time machine*, de H.G. Wells, realizada pela professora Maria Regina de Souza Moraes. O texto em inglês foi extraído do site: <http://www.ebooks3.com/cgibin/ebooks/ebook.cgi?folder=the_time_machine&next=11>.
"Far away up the desolate slope I heard a harsh scream, and saw a thing like a huge white butterfly go slanting and fluttering up into the sky and, circling, disappear over some low hillocks beyond. The sound of its voice was so dismal that I shivered and seated myself more firmly upon the machine. Looking round me again, I saw that, quite near, what I had taken to be a reddish mass of rock was moving slowly towards me. Then I saw the thing was really a monstrous crab-like creature. Can you imagine a crab as large as yonder table, with its many legs moving slowly and uncertainly, its big claws swaying, its long antennae, like carters'

whips, waving and feeling, and its stalked eyes gleaming at you on either side of its metallic front? Its back was corrugated and ornamented with ungainly bosses, and a greenish incrustation blotched it here and there. I could see the many palps of its complicated mouth flickering and feeling as it moved.

As I stared at this sinister apparition crawling towards me, I felt a tickling on my cheek as though a fly had lighted there. I tried to brush it away with my hand, but in a moment it returned, and almost immediately came another by my ear. I struck at this, and caught something threadlike. It was drawn swiftly out of my hand. With a frightful qualm, I turned, and I saw that I had grasped the antenna of another monster crab that stood just behind me. Its evil eyes were wriggling on their stalks, its mouth was all alive with appetite, and its vast ungainly claws, smeared with an algal slime, were descending upon me. In a moment my hand was on the lever, and I had placed a month between myself and these monsters. But I was still on the same beach, and I saw them distinctly now as soon as I stopped. Dozens of them seemed to be crawling here and there, in the sombre light, among the foliated sheets of intense green."

36 Rolando Lopes Pontes Barreto. *Passaporte para o sabor* (São Paulo: Ed. Senac, 2000, p. 118).

37 Lima Barreto. *Marginália* (São Paulo: Brasiliense, 1956).

38 Joubert Carvalho e Olegário Mariano. "Não quero outra vida/ pescando no Rio de Gegeré/ Tem peixe bom, tem siri-patola/ de dá com pé/ Quando no terreiro faz noite de lua/ e vem a saudade me atormentá/ eu me vingo dela/ tocando viola de papo pro ar/ Se compro na feira/ feijão, rapadura/ Pra que trabaiá?/ Eu gosto do rancho/ O homem não deve se amofiná."

39 Paloma Jorge Amado Costa. *A comida baiana de Jorge Amado* (São Paulo: Maltese, 1994, p. 89).

40 Disponível no site <http://www.aultimaarcadenoe.com/crustaceos.htm>.

41 Música "Siri Recheado e o Cacete", de João Bosco e Aldir Blanc, faixa do CD "O Melhor de João Bosco", Polygram, 1998.

42 "Mar", poema de Marilena Soneghet, disponível no site:
<http://www.poetas.capixabas.nom.br/Poetas/detail.asp?poeta=Marilena%20Veloso%20 Soneghet%20Bergmann>.

43 Domingos Olympio. *Luzia-Homem* (São Paulo: Ática, 1983).

44 Aluísio Azevedo. *O mulato* (São Paulo: Ática, 1996).

45 Anne Borrel, Alain Senderens e Jean-Bernard Naudin. *À mesa com Proust* (Rio de Janeiro: Salamandra, 1994).

46 Jeffrey Steingarten. *O homem que comeu de tudo* (São Paulo: Companhia das Letras, 2000. p. 281).

REFERÊNCIAS BIBLIOGRÁFICAS

ALVES FILHO, Ivan; DI GIOVANNI, Roberto. *Cozinha brasileira (com recheio de história)*. Rio de Janeiro: Revan, 2000.

ANDRADE, Carlos Drummond de. *O poder ultrajovem*. Rio de Janeiro: José Olympio, 1972.

AZEVEDO, Aluísio. *O mulato*. São Paulo: Ática, 1996.

AZEVEDO , Arthur. *A capital federal*. São Paulo: Martin Claret, 2002.

BARRETO, Lima. *Marginália*. São Paulo: Brasiliense, 1956.

BARRETO , Rolando Lopes Pontes. *Passaporte para o sabor*. São Paulo: Senac, 2000.

BOCUSE, Paul. *A cozinha de Paul Bocuse*. Rio de Janeiro: Record, 2002.

BORREL, Anne; SENDERENS, Alain; NAUDIN, Jean-Bernard. *À mesa com Proust*. Rio de Janeiro: Salamandra, 1994.

Bosco, João; BLANC, Aldir. "Siri Recheado e o Cacete". Polygram, 1998.

BOURDAIN, Anthony. *Em busca do prato perfeito*. São Paulo: Companhia das Letras, 2003.

COSTA, Paloma Jorge Amado. *A comida baiana de Jorge Amado*. São Paulo: Maltese, 1994.

DAVIDSON, Alan. *Mediterranean seafood*. Nova York: Penguin Books, 1972.

____. *North Atlantic seafood*. Nova York: Penguin Books, 1980.

DUCASSE, Alain. *Ducasse de A a Z, um dicionário amoroso da cozinha francesa*. Rio de Janeiro: Ediouro, 2005.

FIGUEIREDO, Guilherme. *Comidas, meu santo*. Rio de Janeiro: Civilização Brasileira, 1994.

FORNARI, Cláudio. *Dicionário-almanaque de comes & bebes*. Rio de Janeiro: Nova Fronteira, 2001.

FREIRE, Renato. *A mágica da cozinha, uma revolução dos sabores*. Rio de Janeiro: Record, 1988.

GOMENSORO, Maria Lucia. *Pequeno dicionário de gastronomia*. Rio de Janeiro: Objetiva, 1999.

LANCELLOTTI, Sílvio. *Cozinha clássica*. São Paulo: Art Editora, 1991.

LOBATO, Monteiro. *Reinações de Narizinho*. 16.ed. São Paulo: Brasiliense, 1955.

MELO NETO, João Cabral de. *Antologia poética*. Rio de Janeiro: Sabiá, 1967.

____. *Morte e vida severina*. Rio de Janeiro: Sabiá, 1967.

OLYMPIO, Domingos. *Luzia-Homem*. São Paulo: Ática, 1983.

REICHEL, Ruth. *Conforta-me com maçãs*. Rio de Janeiro: Objetiva, 2003.

RODRIGUEZ-HUNTER, Suzanne. *Achados da geração perdida*. Rio de Janeiro: Rocco, 1999.

SODAMIN, Rudolf. *Seduction and spice*. Nova York: Rizzoli International Publications, 1999.

SOUZA, Sérgio de; CEGLIA NETO, Paschoal. *O prato nosso de cada dia: arte culinária brasileira*. São Paulo: Yucas, 1993.

STEINGARTEN, Jeffrey. *O homem que comeu de tudo*. São Paulo: Companhia das Letras, 2000.

____. *Deve ter sido alguma coisa que eu comi*. São Paulo: Companhia das Letras, 2004.

VERISSIMO, Luis Fernando. *A mesa voadora*. Rio de Janeiro: Objetiva, 2001.

CONSULTORIA

José Luiz Viana de Carvalho, Pesquisador da Embrapa Agroindústria de Alimentos <jlvc@ctaa.embrapa.br>

Para facilitar a compreensão de termos técnicos, este livro traz um glossário (p. 174). Os termos estão indicados com o sinal (*) nas receitas.

O rendimento das receitas é sempre para quatro pessoas, com algumas exceções cujos rendimentos são indicados nas respectivas receitas.

Entradas

Salada Morna de Camarões ao Vapor com Vinagretes de Champanhe e Soja

A FAVORITA | Belo Horizonte

Para a salada:
360g de camarão VG
(6 unidades) descascados,
mantendo o rabo
1 bouquet garni*
20ml de azeite extravirgem
(2 colheres de sopa)
sal e pimenta-do-reino a gosto
folhas verdes mistas à vontade
200g de abacate descascado
e fatiado fino (1 unidade
pequena)
40g de cogumelo fatiado fino
(8 unidades)
80g de tomate sem casca e
sem semente, cortado em
cubinhos (1 unidade média)

Para o vinagrete de champanhe:
75g de manteiga (3 colheres
de sopa)
1 échalote (ou 1 cebola pequena
e 1/2 dente de alho picado)
100ml de vinagre de champanhe
(1/2 xícara)
100ml de creme de leite
(1/2 xícara)
sal e pimenta-de-caiena a gosto

Para o vinagrete de soja:
10ml de shoyu* (1 colher de
sopa)

Preparo da salada:

1. Arrumar os camarões em filme plástico, colocar o bouquet e o azeite, embrulhá-los e cozinhá-los no vapor por 4 minutos ou até estarem todos rosados por dentro.

2. Retirar o filme plástico, descartar o bouquet e temperar com sal e pimenta.

Preparo do vinagrete de champanhe:

1. Em uma panela média, derreter 1 colher de sopa de manteiga e dourar a échalote até ficar translúcida. Adicionar o vinagre e cozinhar até reduzir o caldo à metade.

2. Juntar o creme de leite e reduzir novamente à metade. Acrescentar o restante da manteiga, deixar ferver e retirar imediatamente. Temperar com sal e pimenta. Conservar morno.

Preparo do vinagrete de soja:

1. Bater todos os ingredientes no liquidificador – com exceção da água – por 30 segundos.

2. Com o motor ligado, adicionar a água e bater por mais 10 segundos.

MONTAGEM:

1. Enquanto os camarões cozinham, montar as saladas. Colocar as folhas verdes mistas no centro dos pratos, as fatias de abacate por cima das folhas e as fatias de cogumelo por cima do abacate. Finalizar com os cubinhos de tomate e regar com o vinagrete de soja.
2. Dispor os camarões em volta da salada e regar com o vinagrete de champanhe morno.

VINHO: Um branco do Alentejo, elaborado com as castas Antão Vaz e Arinto, certamente vai fazer boa figura aqui.

10ml de suco de limão (1 colher de sopa)
5g de gengibre ralado (1 colher de chá)
25ml de azeite extravirgem (2 1/2 colheres de sopa)
25ml de óleo de canola (2 1/2 colheres de sopa)
sal e pimenta-do-reino a gosto
20ml de água fervente (2 colheres de sopa)

Utensílios necessários:
filme plástico, panela para cozimento a vapor, liquidificador

Quibe de Peixe Recheado de Camarão

ARÁBIA | São Paulo

Para a massa:
250g de trigo lavado (2 1/4 xícaras)
250g de filé de pescada
125g de camarão graúdo limpo (5 unidades)
400g de cebola (2 unidades médias)
45g de coentro fresco picado (1 xícara)
sal a gosto
0,5g de pimenta-do-reino branca em pó (1/2 colher de café)
raspas da casca de uma laranja

Para o recheio:
30g de snoobar* (3 colheres de sopa)
15g de manteiga (1 colher de sopa)
800g de cebola picada em cubinhos (4 unidades médias)
50ml de azeite (5 colheres de sopa)
125g de camarões graúdos limpos
sal a gosto

Para a montagem:
200ml de óleo (1 xícara)
azeite a gosto

Utensílios necessários:
moedor, travessa refratária

Preparo da massa:

1. Deixar o trigo de molho na água por 15 minutos e escorrer. Reservar.

2. Passar pelo moedor o filé de pescada e a metade dos camarões, usando a peça de 3 dentes.

3. Trocar a peça grossa pela peça mais fina e espremer bem o trigo com as mãos para tirar toda a água. Passar pelo moedor o trigo com a cebola e o coentro.

4. Juntar o trigo ao peixe e aos camarões já moídos, adicionar o sal, a pimenta e as raspas da casca da laranja.

5. Misturar bem e passar tudo, mais uma vez, pelo moedor.

Preparo do recheio:

1. Dourar o snoobar na manteiga. Reservar.

2. Fritar a cebola no azeite até murchar levemente. Picar os camarões e juntar à cebola com um pouco de sal. Adicionar o snoobar. Reservar.

MONTAGEM:

Untar uma travessa refratária com o óleo e

espalhar metade da massa até ficar uniforme, com cerca de 1cm de espessura. Para facilitar, molhar as mãos em água fria antes de espalhar a massa. Distribuir o recheio sobre a massa, homogeneamente. Abrir pequenas porções da massa, com as mãos sempre molhadas, e colocá-las, aos poucos, sobre o recheio. Alisar com as mãos até formar uma camada lisa. Riscar e cortar a superfície da massa com desenhos e losangos. Regar com azeite e decorar cada losango com um snoobar. Assar em forno preaquecido (180ºC), por aproximadamente 25 minutos, ou até dourar. Servir quente ou frio, acompanhado de fatuch ou homus.

VINHO: Para retomar as raízes históricas do encontro entre árabes e espanhóis, que tal um encorpado rosé da Rioja ou da Navarra?

Dica:
Com esta receita – tanto a massa como o recheio – podem-se preparar quibes fritos em 200ml de óleo (Quibbet Samak Mihlye).

Camarão Casadinho

BANANA DA TERRA | Paraty

Para o camarão:
1,2kg de camarão VG
(16 unidades)
30g de alho socado (4 dentes)
sal e pimenta-do-reino a gosto
1/2 limão
farinha de trigo para empanar
óleo suficiente para fritar os
camarões
fatias de limão

Para a farofa de camarão:
100ml de azeite (1/2 xícara)
50g de manteiga (2 colheres de
sopa)
80g de cebola picadinha
(1/2 cebola média)
30g de alho socado (4 dentes)
5g de colorau (1 colher de chá)
200g de camarão-sete-barbas
limpo e temperado com
sal e pimenta-do-reino
(8 unidades)
220g de farinha de mandioca
(1 xícara + 2 colheres
de sopa)
10g de salsinha e cebolinha
picadas (1 colher de sopa)
sal e pimenta-do-reino a gosto

Utensílios necessários:
palito ou linha, escorredor,
toalha de papel

Preparo do camarão:

1. Retirar as antenas e as perninhas dos camarões com cuidado para não soltar a casca. Também com cuidado abrir a barriga dos camarões, de logo abaixo da cabeça até a cauda, sem deixar que o corte vaze do lado das costas. Retirar a tripa das costas pelo corte feito na barriga. Lavar rapidamente e reservar.

2. Depois de limpos, temperar os camarões com alho, sal, pimenta e limão.

3. Rechear os camarões pela barriga colocando a farofa com as mãos. Juntar os camarões, de dois em dois, pela barriga, colocando um com a cabeça no rabo do outro. Fechar com palito ou uma linha.

4. Passar na farinha de trigo para ajudar a firmar.

5. Em uma panela aquecer o óleo. Deixar aquecer e fritar os camarões aos poucos. Cuidar do ponto da fritura. O casadinho deve estar com o recheio quente e rosado por fora. Escorrer e passar por toalha de papel. Servir com fatias de limão como aperitivo.

Preparo da farofa de camarão:
1. Numa panela aquecer o azeite e a manteiga, acrescentar a cebola e logo em seguida o alho e deixar dourar. Adicionar o colorau.
2. Colocar os camarões e refogá-los por 2 minutos. Eles não devem cozinhar por completo.
3. Retirar a panela do fogo e misturar a farinha de mandioca. Temperar com salsinha, cebolinha, sal e pimenta. A farofa deve ficar úmida.

VINHO: Este clássico da cultura caiçara, simples e saboroso, vai ganhar ainda mais charme com um Sauvignon Blanc não muito ácido: pode ser do Chile ou da Argentina.

Salada Cariri

BEIJUPIRÁ | Porto de Galinhas

Para a salada:
500g de repolho roxo à juliana*
    fininho (1 unidade média)
500g de carne de siri (2 1/2
    xícaras)
400g de cará cozido cortado
    em cubinhos ou boleado
    (2 unidades médias)
300g de manga Haden à juliana
    (1 unidade média)
200g de folhas de rúcula
    (2 maços)
20g de gengibre torrado
    (2 colheres de sopa)

Para o molho:
100ml de iogurte natural (1/2
    xícara)
2,5g de mel (1/2 colher de chá)
2,5g de gengibre ralado (1/2
    colher de chá)
2,5g de curry (1/2 colher de chá)
7,5ml de azeite (1 1/2 colher de
    chá)

Utensílios necessários:
escorredor, batedor manual

Preparo e montagem da salada:

1. Colocar o repolho de molho na água gelada por 20 minutos. Escorrer e adicionar a carne de siri, o cará e a manga.
2. Misturar o molho com a salada.
3. Forrar um prato com a rúcula, colocar a salada e salpicar o gengibre.

Preparo do molho:
Misturar em um recipiente todos os ingredientes do molho. Bater bem.

VINHO: O exotismo e os sabores agridoces que caracterizam este prato não deixam margem a dúvidas: um Gewürztraminer alsaciano (de preferência) ou alemão fica perfeito.

Filé de Lagosta
ao Prosecco com Salada

BORSALINO | Rio de Janeiro

Preparo do filé de lagosta:

1. Dourar a cebola na manteiga. Juntar o alho, os medalhões de lagosta, o sal e a pimenta, e cozinhar cada lado por 5 minutos em fogo médio.
2. Adicionar o prosecco e o estragão.
3. Após evaporar, acrescentar o creme de leite até ferver. Deixar tampado por 2 minutos em fogo baixo.

Preparo do vinagrete de balsâmico:
Num recipiente, misturar o vinagre e o azeite. Temperar com sal e pimenta.

Preparo da salada:
Num recipiente, juntar os legumes. Temperar com o vinagrete de balsâmico. Reservar.

MONTAGEM:
Servir a salada na parte superior de um prato raso oval. Dispor o molho da lagosta no centro do prato e arrumar os medalhões em leque.

Para o filé de lagosta:
50g de cebola fatiada fina
   (1 unidade média)
200g de manteiga sem sal
   (8 colheres de sopa)
10g de alho fatiado (2 dentes)
1,5kg de filé de lagosta cortado
   em medalhões (4 caudas
   grandes)
sal e pimenta-branca a gosto
   (1 xícara)
200ml de prosecco (1 xícara)
30g de estragão fresco
   (3 colheres de sopa)
250ml de creme de leite (2 1/4
   xícaras)

Para o vinagrete de balsâmico:
50ml de vinagre balsâmico
   (5 colheres de sopa)
50ml de azeite extravirgem
   (5 colheres de sopa)
sal e pimenta-do-reino a gosto

Para a salada:
400g de batata cozida e cortada
   em cubinhos (4 unidades
   médias)
200g de beterraba cozida e
   cortada em cubinhos
   (2 unidades médias)
200g de vagem verde cozida
   e picada (20 unidades)

Utensílio necessário:
prato raso oval

Crustáceos | Aromas e Sabores da Boa Lembrança

VINHO: A nobreza do ingrediente principal exige um vinho igualmente muito distinto: aposte em um Chablis Grand Cru ou Premier Cru, em que a casta Chardonnay evidencia suas melhores qualidades.

Suflê de Lagosta

CALAMARES | Porto Alegre

PREPARO:

1. Desfiar o filé de lagosta, temperar com sal e reservar.
2. Numa panela pequena, derreter a margarina e dourar a farinha de trigo.
3. Misturar lentamente o leite, mexendo sempre, até obter um creme. Corrigir o sal.
4. Retirar do fogo e acrescentar a nata.
5. Misturar a lagosta ao molho, levar de novo ao fogo brando, mexendo sempre, durante aproximadamente 5 minutos.
6. Retirar do fogo e acrescentar duas gemas batidas. Corrigir o sal.
7. Bater as claras em neve e acrescentar à mistura anterior.
8. Colocar tudo na forma refratária. Levar ao forno previamente aquecido, em temperatura de 160°C, durante 30 a 40 minutos, ou até crescer e cozinhar por dentro (sem deixar secar).
9. Servir em seguida.

VINHO: Aqui entra em cena o champanhe, de preferência um blanc de blancs

300g de filé de lagosta crua
(1 cauda grande)
sal a gosto
30g de margarina (1 1/5 colher de sopa)
10g de farinha de trigo (1 colher de sopa)
100ml de leite (1/2 xícara)
40g de creme de leite fresco / nata (não pode ser creme de leite de latinha)
(4 colheres de sopa)
2 ovos (claras e gemas separadas)

Utensílio necessário:
forma refratária

(portanto, feito exclusivamente com Chardonnay), cuja delicadeza e personalidade fazem jus à nobreza desse crustáceo.

Salada Marinha

DIVINA GULA | Maceió

PREPARO:

1. Colocar uma caçarola com água e sal no fogo alto e esperar ferver. Adicionar as batatas e cozinhá-las por 7 minutos. Deixar esfriar.

2. Separar os talos grossos da acelga, cortar à juliana* e reservar as folhas.

3. Em uma pequena caçarola, colocar o alho, o fondor, a salsa, o shoyu e a água. Levar ao fogo.

4. Assim que o caldo começar a ferver, colocar os filés de lagostim, deixando ferventar até ficarem rosados e tenros.

5. Retirar o filé do caldo. Coá-lo em seguida, reservando 50ml para misturar na salada.

6. Em um recipiente, colocar as batatas, a acelga (folha e talo), os filés de lagostim e o caldo do cozimento.

7. Acrescentar a maionese, o iogurte, a castanha de caju, o estragão e a pimenta. Misturar tudo acertando o sal.

MONTAGEM:

No centro de um prato, colocar uma folha

2 litros de água
5g de sal (1 colher de chá)
650g de batata-inglesa descascada e cortada em cubinhos de 1,5cm x 1,5cm (6 1/2 unidades médias)
600g de acelga (couve-chinesa) (1/2 unidade grande)
5g de alho (1 dente)
5g de fondor (1 colher de chá)
5g de salsa (1/2 colher de sopa)
20ml de shoyu* (2 colheres de sopa)
300ml de água (2 1/2 xícaras)
400g de filé de lagostim cortado em pedaços de 2,5cm (8 unidades)
70g de maionese (7 colheres de sopa)
70g de iogurte natural (7 colheres de sopa)
25g de castanha de caju triturada (1/4 de xícara)
5g de estragão seco (1/2 colher de sopa)
15g de estragão fresco (folhas sem caule) (1 1/2 colher de sopa)
pimenta-do-reino branca a gosto
sal a gosto
salsinha a gosto

Para decorar:
pedaços de lagostins

Utensílios necessários:
caçarolas, coador

de acelga, rechear com a salada e polvilhar com salsinha. Reservar alguns pedaços de lagostins para decorar.

VINHO: O Soave, branco da região de Verona (norte da Itália), elaborado com base nas variedades Garganega e Trebbiano di Soave, tem as características de frescor e maciez desejáveis aqui.

Gigante Empanado

DOM GIUSEPPE | Belém

PREPARO:

1. Retirar a cabeça e a casca do camarão, deixando o rabo.
2. Retirar o intestino. No mesmo sentido do intestino, fazer um corte sem atravessar o camarão, apenas para abri-lo em duas partes sem separar.
3. Com muita delicadeza, bater as partes com um martelo para transformá-lo em um grande bife de camarão. Temperar com gotas de tabasco.
4. Esfarelar o pão de forma passando-o em uma peneira. Reservar, misturando ao pão as folhas de salsão.
5. Bater as claras em neve. Começar passando o camarão na farinha de trigo, retirar o excesso e passar delicadamente na clara em neve.
6. Empanar o camarão na farinha de pão cuidadosamente, para que a clara permita empaná-lo por completo.
7. Fritar o camarão imerso em óleo quente até dourar bem. Escorrer em toalha de papel e só então temperar com sal.

4 camarões-da-malásia
 (aproximadamente 300g
 cada um)
gotas de tabasco a gosto
1 pão de forma sem casca
12g de salsão picado fino
 (12 folhas)
2 claras
farinha de trigo para empanar
 (o suficiente)
900ml de óleo de girassol
 (4 1/2 xícaras)
sal a gosto

Para decorar:
12g de vinagreira (12 folhas)

Utensílios necessários:
martelo de cozinha, peneira,
toalha de papel

8. Servir imediatamente sobre as folhas de vinagreira.

VINHO: Uma preparação simples e saborosa, em que o camarão gigante é a grande estrela; para coadjuvá-lo, sempre apoiando, sem jamais tentar roubar a cena, um vivo Sauvignon Blanc, da Nova Zelândia. É só esperar pelos aplausos.

Camarão Tropeiro

FOGO CAIPIRA | Campo Grande

Preparo do caldo de camarão:

1. Numa panela, fritar no azeite o alho, a cebola e a casca de camarão por 5 minutos.
2. Acrescentar o tomate, a cenoura, o salsão e o alho-poró e cozinhar por mais alguns minutos.
3. Juntar o vinho e a água e deixar ferver até reduzir à metade (1 litro).
4. Passar todo o conteúdo por uma peneira e desprezar as cascas.
5. Retornar o líquido para a panela, acertar o sal e finalizar com a pimenta.
6. Ferver por mais 3 minutos para apurar o sabor.

Preparo do espaguete:

1. Colocar o azeite em uma panela rasa e aberta e levá-la ao fogo médio.
2. Aumentar o fogo e refogar o alho e o camarão rapidamente. Retirá-los e reservá-los.
3. Na mesma panela, fritar o espaguete.
4. Quando o macarrão estiver bem dourado, acrescentar, aos poucos, o caldo de camarão bem quente.

Para o caldo de camarão:
30ml de azeite de oliva (2 colheres de sopa)
30g de alho (6 dentes)
200g de cebola cortada em cubos (2 unidades grandes)
200g de casca de camarão cinza torrada (cascas de 600g de camarão)
300g de tomate cortado em cubos (3 unidades grandes)
100g de cenoura cortada em cubinhos (1 unidade grande)
40g de salsão (1 talo)
40g de alho-poró (1 unidade pequena)
240ml de vinho branco (1 xícara de chá)
2 litros de água
sal e pimenta-do-reino moída na hora a gosto

Para o espaguete:
30ml de azeite de oliva (2 colheres de sopa)
20g de alho picado (4 dentes)
200g de camarão cinza limpo (20 unidades)
200g de espaguete quebrado em pedaços pequenos
960ml de caldo de camarão (4 xícaras de chá)
20g de salsinha (4 colheres de sopa)

Para decorar:
ramos de salsinha

Utensílios necessários:
panela rasa, peneira

5. Deixar cozinhar até a massa ficar al dente. Juntar o camarão e finalizar com a salsinha.
6. Aguardar alguns instantes antes de servi-lo, para que seque bem. Decorar com ramos de salsinha.

VINHO: Mais um prato que remete ao sul da Itália, de cozinha simples e saborosa. A Sardenha, segunda maior ilha do Mediterrâneo, tem brancos alegres e frutados, que valorizam este prato: experimente o Vermentino di Sardegna, feito com a casta homônima.

Trigoto de Camarão

KOJIMA | Recife

Preparo do camarão:

1. Temperar os camarões com sal, Ajinomoto e pimenta.
2. Numa frigideira, aquecer a manteiga e grelhar os camarões.

Preparo do trigoto:

1. Numa panela com bastante água, cozinhar o grão de trigo al dente.
2. Refogar a cebola e o alho no azeite, até dourar.
3. Acrescentar os cogumelos. Temperar com sal, Ajinomoto e pimenta. Acrescentar o creme de leite até obter uma mistura homogênea.
4. Por último, adicionar o grão cozido até obter a consistência de um risoto.

Preparo da pasta de coentro:

1. Bater no liquidificador o coentro, o milho verde e o azeite até obter uma consistência pastosa.
2. Temperar com sal e Ajinomoto.

Para o camarão:
360g de camarão descascado, deixando apenas a cauda (6 unidades grandes)
sal, Ajinomoto e pimenta-do-reino a gosto
manteiga suficiente para grelhar

Para o trigoto:
50g de grão de trigo (1/2 xícara)
10g de cebola picada (1 colher de sopa)
5g de alho picado (1/2 colher de sopa)
20ml de azeite de oliva (2 colheres de sopa)
15g de funghi (1 colher de sopa)
15g de shiitake laminado (1 colher de sopa)
sal, Ajinomoto e pimenta-do-reino a gosto
40ml de creme de leite fresco (4 colheres de sopa)

Para a pasta de coentro:
80g de coentro (1 molho)
330g de milho verde industrializado (1 lata)
250ml de azeite (2 1/4 xícaras)
sal e Ajinomoto a gosto

Para os chips de banana:
100g de banana comprida verde, com casca (1 unidade)
açúcar para polvilhar

óleo suficiente para fritar
Utensílios necessários:
frigideira, liquidificador, toalha
de papel

Preparo dos chips de banana:

1. Cortar a banana em lâminas. Polvilhar com açúcar.
2. Fritar em óleo a 180ºC e secar com toalha de papel.

MONTAGEM:

Dispor a pasta de coentro no centro de um prato e arrumar os camarões, com os rabos para cima, sobre a pasta. Servir o trigoto na lateral do prato. Arrumar 3 lâminas de banana sobre os camarões.

VINHO: Um branco seco de médio corpo, macio e com boa acidez, vai emparelhar com as características deste prato: pode ser um clássico (como o Chablis) ou um bom Chardonnay australiano.

Tortinha de Camarão Seco e Aspargo Fresco

GOSTO COM GOSTO | Visconde de Mauá

Preparo da massa:

1. Em uma tigela, colocar a farinha e o sal e abrir um buraco no meio.
2. Colocar a manteiga e a gema e ir juntando tudo do meio para as pontas.
3. Amassar delicadamente até obter uma massa lisa, macia e homogênea.
4. Levar à geladeira por 1 hora.

Preparo do recheio:

1. Aquecer o azeite, colocar o toucinho e deixar fritar.
2. Acrescentar a cebola.
3. Escorrer o excesso de gordura. Deixar esfriar.
4. À parte, bater o ovo e juntar o creme de leite.
5. Temperar com sal, pimenta e noz-moscada.

MONTAGEM:

Forrar as forminhas, colocar os camarões e os aspargos no centro e espalhar o recheio. Levar as tortinhas ao forno preaquecido a 200°C.

Para a massa:
150g de farinha de trigo (3/4 de xícara)
5g de sal (1 colher de chá rasa)
100g de manteiga gelada e picada (4 colheres de sopa)
1 gema

Para o recheio:
10ml de azeite (1 colher de sopa)
10g de toucinho magro cortado em cubinhos bem pequenos (1 colher de sopa)
25g de cebola picada (1/2 unidade)
1 ovo inteiro
150ml de creme de leite fresco (3/4 de xícara)
sal, pimenta e noz-moscada a gosto
100g de camarão seco sem casca (1/2 xícara)
100g de aspargo fresco cortado em cubinhos (1/2 xícara)

Utensílio necessário:
forminhas de fundo falso

Dica: Servir ainda quente com salada verde em abundância.

VINHO: Um branco de Bordeaux, dominado pela variedade Sauvignon Blanc, vai fazer boa companhia aos aspargos presentes neste prato, harmonizando também com o aroma dos camarões e a untuosidade do creme de leite.

Camarãozinho Regional com Purê de Pupunha

LÁ EM CASA | Belém

Preparo do camarão:

1. Lavar os camarões em água corrente com um limão.
2. Temperar os camarões com limão, sal e azeite.
3. Em uma caçarola com azeite, refogar todos os ingredientes restantes, mais a pimenta-de-cheiro (tendo o cuidado de não amassá-la) com o camarão e corrigir o sal. Quando o camarão já estiver bem refogado, reservá-lo.

Preparo do purê:

1. Cozinhar as pupunhas em bastante água com sal e óleo até ficarem macias. Descascá-las e reservá-las.
2. Cozinhar as batatas em bastante água com sal até ficarem macias. Descascá-las e reservá-las.
3. Amassar as batatas ainda quentes, partir as pupunhas ao meio e retirar os caroços.
4. Bater no liquidificador, com a manteiga, o creme de leite e as batatas amassadas até se tornarem uma pasta homogênea.

Para o camarão:
400g de camarão regional descascado (2 xícaras)
4 limões
sal e azeite a gosto
25g de alho picado miudinho (5 dentes)
50g de cebola picada miudinho (1 unidade média)
80g de tomate picado miudinho (1 unidade média)
20g de pimenta-verde cheirosa picada miudinho (1 unidade)
temperos verdes a gosto (alfavaca, chicória, cebolinha e salsa picadas miudinho)
15g de pimenta-de-cheiro inteira (1 unidade)

Para o purê:
24 pupunhas médias
sal e óleo de soja a gosto
300g de batata (3 unidades médias)
100g de manteiga (4 colheres de sopa)
200ml de creme de leite com o soro (1/2 lata)

Utensílios necessários:
caçarola, liquidificador, prato refratário redondo

MONTAGEM:

No prato refratário, colocar, intercalando, camadas do purê de pupunha e o camarãozinho refogado. Começar e terminar com uma camada de purê. Levar ao forno para aquecer e dourar. Retirar e servir bem quente.

VINHO: Elaborado com a variedade homônima, de origem muito antiga, o branco da Campania, Greco di Tufo, é um vinho quase dourado, com aromas de frutas maduras e acidez equilibrada. Um produto diferenciado para valorizar a riqueza desses nobres produtos regionais.

Pitus da Amazônia Grelhados na Brasa com Especiarias

LA VICTORIA | Belo Horizonte

PREPARO:

1. Retirar as cabeças dos pitus, abrir no meio com uma tesoura e limpar. Temperar com sal e reservar.

2. Em uma frigideira, esquentar o azeite, adicionar o alho e dourar até ficar aromático.

3. Acrescentar o cominho, o gengibre, a páprica, a pimenta, o coentro e cozinhar por 30 segundos. Retirar e deixar esfriar.

4. Marinar* os pitus com a mistura de especiarias por 1 a 2 horas.

5. Grelhar os pitus do lado da carne por 3 minutos, depois virar e continuar mais 3 minutos pincelando com o resto da marinada. Servir com gomos de limão.

2kg de pitu inteiro (8 unidades)
sal a gosto
60ml de azeite extravirgem
(6 colheres de sopa)
15g de alho amassado
(3 dentes)
7,5g de cominho moído
(1 1/2 colher de chá)
5g de gengibre moído (1 colher de chá)
7,5g de páprica (1 1/2 colher de chá)
7,5g de pimenta-de-caiena
(1/2 colher de chá)
25g de coentro picado
(1/4 de xícara)
4 gomos de limão

Utensílios necessários:
tesoura, pincel

VINHO: Personalidade, exotismo e uma nota adocicada: as mesmas características do prato podem ser encontradas em um vinho da variedade Gewürztraminer, a sugestão mais adequada para um bom resultado aqui.

Composição de Camarões e Fígado de Pato com Molho Balsâmico

LOCANDA DELLA MIMOSA | Petrópolis

720g de camarão **VG**
(12 unidades grandes)
320g de fígado fresco de pato
ou de frango (8 unidades
pequenas)
sal a gosto
20g de tomilho fresco (4 galhos)
60ml de azeite extravirgem
(3 xícaras)
50g de manteiga sem sal
(2 colheres de sopa)
40g de cebola roxa bem picada
(1 unidade pequena)
50ml de vinho branco seco
de boa qualidade
(5 colheres de sopa)
250ml de vinagre balsâmico
(2 1/4 xícaras)
50g de açúcar (5 colheres
de sopa)
50g de valeriana fresca
(5 colheres de sopa)
pimenta-do-reino a gosto

Utensílios necessários:
2 frigideiras antiaderentes,
caçarola pequena

PREPARO:

1. Temperar os camarões e os fígados com sal, tomilho e azeite. Marinar* durante 4 horas.

2. Retirar os camarões, deixando-os totalmente limpos, sem resíduo de tomilho e o mínimo de azeite possível.

3. Fazer o mesmo com os fígados.

4. Numa frigideira, fritar com o azeite da marinada os camarões, por no máximo 2 minutos cada lado.

5. Em outra frigideira, aquecer a manteiga. Juntar a cebola e dourar os camarões de ambos os lados. Acrescentar o vinho e deixar evaporar. Reservar quente.

6. Posteriormente, sempre no mesmo azeite, fritar os fígados, mexendo o menos possível para poder formar uma casca firme de proteção, deixando-os rosados.

7. À parte, numa pequena caçarola, colocar o vinagre e o açúcar. Reduzir a 1/4. Separar o vinagre.

MONTAGEM:

1. Temperar as folhas tenras da valeriana somente com o sal e o azeite.
2. Dispor no centro do prato os camarões, alternando com os fígados.
3. Salpicar a pimenta e, por último, com uma colher de sobremesa, colocar por cima de tudo o molho reduzido do vinagre balsâmico. Servir quente.

VINHO: O amarguinho do fígado e a acidez do vinagre vão ficar muito equilibrados pela maciez e (aparente) doçura de um Gewürztraminer do Alto Adige, que, além dessas características, tem um delicado e sedutor aroma, lembrando flores e frutas exóticas.

Canelone de Siri com Vinagrete Quente de Dendê e Coentro

BOULEVARD | Curitiba

Para o canelone de siri:
1,5kg de carne de siri (7 1/2 xícaras) (use carne do siri do nosso litoral)
50ml de azeite de dendê (1/4 de xícara)
100g de cebola picada miudinho (1 unidade grande)
10g de alho bem picado (2 dentes)
320g de tomate picado, sem pele e sem semente (4 unidades)
sal e pimenta-do-reino a gosto
1/2 maço de coentro fresco
20 folhas de massa retangular para lasanha cozida al dente

Para o vinagrete de dendê:
30g de cebola picada (1 unidade pequena)
5g de alho (1 dente)
40g de pimentão verde sem pele (1 unidade pequena)
40g de pimentão vermelho sem pele (1 unidade pequena)
sal e pimenta-do-reino a gosto
50ml de vinagre branco de boa qualidade (1/4 de xícara)
100ml de azeite de dendê (1/2 xícara)
100ml de azeite de oliva (1/2 xícara)

Preparo do canelone de siri:

1. Limpar bem a carne de siri, retirando as casquinhas com muito cuidado.

2. Aquecer o azeite de dendê e refogar a cebola e o alho até murcharem*, sem pegar cor.

3. Juntar os tomates e refogar até que se desmanchem.

4. Adicionar a carne de siri e temperar com sal e pimenta.

5. Cozinhar a carne por 10 minutos, em fogo baixo, com a panela tampada, sempre mexendo, e finalizar com o coentro.

Preparo do vinagrete de dendê:

1. Juntar a cebola, o alho e os pimentões num recipiente de inox.

2. Colocar o sal, a pimenta e o vinagre. Misturar bem.

3. Acrescentar o azeite de dendê aos poucos, sempre mexendo da mesma forma. Juntar o azeite de oliva.

4. Colocar o coentro e reservar por meia hora para que o sabor se intensifique.

MONTAGEM:

Enrolar as folhas de lasanha com uma porção de carne de siri. Arrumar o canelone num prato fundo e regar com o vinagrete aquecido. Enfeitar com coentro fresco, lascas de coco (como se fosse queijo ralado) e um pouco das especiarias.

OBS.: Pode ser servido quente, como prato principal.

VINHO: Há cerca de duas décadas, a variedade Arneis quase desapareceu de sua região de origem, o Piemonte. Mas hoje não é difícil encontrar o Roero Arneis, branco de bom frescor e complexidade, um bom parceiro para este prato.

50g de coentro fresco picado (1/2 maço)

Para decorar:
coentro fresco
150g de coco fresco para ralar (1/2 unidade)
50g de 5 épices (pimenta-do-reino branca e preta, coentro, pimenta-da-jamaica e cravo – passados no processador e peneirados) (5 colheres de sopa)

Utensílios necessários:
recipiente de inox, prato fundo, processador de alimentos

Rendimento: 15/20 canelones

DICA:
Deixamos o alho inteiro no vinagrete de dendê para aromatizar, porém não o servimos.

Torre de Camarão

LUDWIG | Campos do Jordão

Para o feijão-branco:
180g de feijão-branco cozido al dente (1 xícara)
10ml de azeite extravirgem (1 colher de sopa)
sal e pimenta-branca moída a gosto
10g de pimentão à juliana* (1 colher de sopa)

Para o molho de framboesa:
50g de geleia de framboesa (St. Dalfour ou similar) (2 colheres de sopa)
10ml de água mineral (1 colher de chá)
20ml de vinagre de maçã (2 colheres de sopa)

Para a calda:
60ml de azeite balsâmico (6 colheres de sopa)
20g de açúcar refinado (2 colheres de chá)

Para a massa folhada:
6g de corante vermelho (1 colher de café)
1 gema
manteiga suficiente para untar
2 discos de massa folheada

Para os camarões:
10 camarões pequenos ou 6 camarões grandes (pistola)
sal, pimenta-do-reino e limão a gosto

Preparo do feijão-branco:
1. Deixar o feijão-branco de molho por 8 horas.
2. Trocar a água e levar ao fogo, em panela de pressão, por 30 minutos.
3. Escorrer e temperar com o azeite, o sal, a pimenta e o pimentão.

Preparo do molho de framboesa:
1. Misturar a geleia com a água mineral e passar em um chinois.
2. Acrescentar o vinagre de maçã. Reservar.

Preparo da calda:
Misturar bem o azeite balsâmico com o açúcar e reduzir em fogo brando até chegar num ponto nape (ponto da calda que se obtém quando se passa o dedo atrás da colher e a calda não escorre). Reservar.

Preparo da massa folhada:
1. Misturar o corante com a gema.
2. Untar uma forma com manteiga, colocar a massa folhada e pincelar com a mistura de gema e corante.
3. Fazer pequenos furos com um garfo (para

a massa não estufar) e assar em forno médio (180°C) por aproximadamente 15 minutos ou até que doure por completo.

4. Quando esfriar, cortá-la em 2 discos com o aro de inox. Reservar.

Preparo dos camarões:

1. Temperar os camarões com sal, pimenta e limão.
2. Saltear os camarões no azeite em fogo alto para não juntar água.

MONTAGEM:

1. Distribuir a calda ao redor do prato, formando um círculo.
2. Dispor o feijão-branco dentro desse círculo e por cima dele colocar 1 disco de massa folhada.
3. Em seguida, distribuir metade do camarão, 1 colher de sopa do molho de framboesa, depois colocar o outro disco de massa folhada e terminar com o restante do camarão e do molho.
4. Decorar com ciboulette e salsa.

VINHO: O porto branco meio seco é uma especialidade da região portuguesa do Douro, que atinge graduação alcoólica em torno dos 20%, graças à adição de aguardente vínica. Tem estrutura e personalidade para se ombrear com este prato.

azeite suficiente para saltear*

Para decorar:
2 ciboulettes*
4 ramos de salsa crespa

Utensílios necessários:
panela de pressão, escorredor, chinois*, forma, pincel, 1 aro de inox de 6cm de diâmetro

Camarões ao
Beurre Blanc Indien

MARCEL | Fortaleza

240g de camarão VG
   (4 unidades)
10g de manteiga (2 colheres
   de chá)
20ml de azeite (2 colheres
   de sopa)
40g de échalote picada
   (2 unidades)
50ml de vinho branco
   (5 colheres de sopa)
30ml de vinagre de vinho branco
   (3 colheres de sopa)
50ml de creme de leite
   (5 colheres de sopa)
curry a gosto
200g de manteiga (8 colheres
   de sopa)

Utensílio necessário:
batedor de ovos

PREPARO:

1. Saltear os camarões em uma mistura de manteiga e azeite. Retirá-los do fogo e acrescentar metade da échalote. Reservar.

2. Em uma panelinha, reduzir o vinho branco e o vinagre com o restante das échalotes, até quase evaporar.

3. Acrescentar o creme de leite e o curry e deixar reduzir um pouco.

4. Retirar do fogo e incorporar a manteiga com a ajuda de um batedor de ovos.

MONTAGEM:

Dispor os camarões no prato e regá-los com o molho.

VINHO: Macio, muito aromático, com marcantes notas de flores (especialmente rosa), o Torrontés argentino equilibra delicadeza e personalidade, características presentes também neste prato.

Suflê de Camarão

MARCEL BROOKLIN | São Paulo

Preparo do suflê:

1. Aquecer o forno a 250ºC. O suflê deve ser colocado no forno preaquecido.

2. Em uma frigideira, derreter a manteiga, dourar os camarões e temperar com sal e pimenta. Juntar o bechamel, mexendo até incorporar.

3. Retirar a frigideira do fogo e, sempre batendo vigorosamente, juntar, uma a uma, as gemas. (Pode-se voltar com a panela rapidamente ao fogo apenas para manter a temperatura, mas deve-se ter cuidado para que a gema não cozinhe, não se solidifique. O resultado deve ser um líquido grosso.)

4. Enquanto estiver trabalhando no fogão, bater as claras em neve até que fiquem realmente firmes. Esse é um dos segredos do suflê. A clara batida deve ser firme e ficar nas pás da batedeira quando do forem levantadas. Não deve escorrer.

5. Agora, outro segredo: juntar, muito delicadamente, numa tigela, a clara batida à preparação inicial. Incorporar fora do forno e quase em câmera lenta.

Para o suflê:
25g de manteiga (1 colher de sopa)
100g de camarão do tipo VG limpo (2 unidades)
sal e pimenta-do-reino a gosto
40ml de bechamel (4 colheres de sopa)
3 gemas
3 claras

Para o bechamel:
1/2 litro de leite (2 1/2 xícaras)
50g de manteiga (2 colheres de sopa)
50g de farinha de trigo peneirada (5 colheres de sopa)
6g de sal (1 colher de café)
3g de pimenta-do-reino branca (1/2 colher de café)

Utensílios necessários:
liquidificador, batedeira, escumadeira, ramequim de barro esmaltado (ou de louça), colher de pau

6. Usar uma escumadeira e acrescentar a clara, aos poucos, em três passos: primeiro, incorporar um pouco de clara batida e, bem devagar, ir mexendo; depois repetir a operação mais duas vezes, até conseguir uma mistura homogênea. Atenção: se a clara desabar, o suflê não vai crescer.

7. Com a escumadeira, colocar a mistura no ramequim aos poucos e sem forçar, sem prensar. Encher bem. O suflê deve fazer um montinho acima da boca do ramequim. Levar ao forno. O tempo vai depender do forno utilizado. Se desejar, pode abrir o forno para verificar o cozimento, mas é bom não exagerar. Quando o suflê crescer e o topo começar a dourar, ele estará pronto.

Preparo do bechamel:

1. Ferver o leite e deixá-lo no fogo.

2. Numa outra panela, esquentar a manteiga e misturar a farinha de trigo, pouco a pouco, sempre mexendo com a colher de pau.

3. Em seguida, sempre aos poucos e mexendo, incorporar o leite fervendo. Uma operação delicada, pois pode encaroçar. (Se isso acontecer, não se desespere: continue a operação e depois bata todo o conteúdo no liquidificador.)

4. Temperar com sal e pimenta e deixar esfriar.

VINHO: O Pouilly-Fuissé, branco de Chardonnay da região do Maconnais, no sul da Borgonha, reúne as características de maciez, frescor e delicadeza aromática necessárias a este prato.

Camarões ao
Chutney de Maçãs

MARCEL JARDINS | São Paulo

800g de maçã Fuji (10 unidades)
50ml de azeite (5 colheres
    de sopa)
chutney de maçã e amêndoas
250g de açúcar orgânico
    dourado (1 1/4 xícara)
300ml de vinagre de maçã
    (1 1/2 xícara)
20g de 7 épices (preparado de
    canela, cravo, noz-moscada,
    pimenta-síria, pimenta-do-
    -reino branca e preta e
    cardamomo)
    (2 colheres de sopa)
200ml de suco de laranja
    (1 xícara)
10ml de molho inglês (1 colher
    de sopa)
tabasco a gosto
amêndoas torradas
300g de camarão (5 unidades
    grandes)

Utensílio necessário:
panela de cozimento a vapor

PREPARO:

1. Descascar e picar as maçãs em pedaços pequenos.
2. Misturar todos os ingredientes, exceto as maçãs e os camarões, e deixar ferver.
3. Acrescentar as maçãs e deixar cozinhar em fogo baixo até a consistência de chutney.
4. Cozinhar os camarões no vapor.

MONTAGEM:

Dispor os camarões em forma de círculo e colocar o chutney no meio.

VINHO: Poucos vinhos conseguem reunir, em uma mesma taça, vigor, elegância, boa acidez e aromas de grande distinção – os brancos da Alsácia têm tudo isso, além de uma indiscutível vocação para acompanhar comida. Experimente aqui um Alsace VT ("vendange tardive"), com uvas colhidas tardiamente: uma glória!

Sopa de Lentilha de Puy com Lagostins

SPLENDIDO | Belo Horizonte

PREPARO:

1. Colocar as lentilhas com a cenoura, a cebola e o alho em uma panela, juntar o bouquet garni, cobrir com água e levantar fervura. Cozinhar em temperatura média, por aproximadamente 20 minutos, até as lentilhas começarem a abrir.

2. Coar as lentilhas e reservar 250ml da água do cozimento.

3. Descartar os vegetais e o bouquet garni. Fazer um purê no processador, agregando o líquido, até obter um purê homogêneo.

4. Voltar o purê à panela e misturar com o caldo de galinha. Adicionar o óleo de trufas e o creme de leite.

5. Temperar os lagostins com sal, pimenta e curry.

6. Aquecer a frigideira com o azeite e fritar os lagostins 1 minuto de cada lado, até que estejam rosados e firmes.

7. Reaquecer a sopa e distribuir em 4 pratos mornos, colocando, em cada um, 3 lagostins por cima.

250g de lentilhas de puy (1 1/4 xícara)
50g de cenoura cortada em 3 pedaços (1 unidade)
50g de cebola cortada em 4 pedaços (1 unidade)
5g de alho (1 dente grande inteiro)
1 bouquet garni* (louro, tomilho, salsinha e folhas de aipo amarrados)
1 litro de caldo de galinha (5 xícaras)
10ml de óleo de trufas (1 colher de sopa)
150ml de creme de leite fresco (3/4 de xícara)
600g de lagostim descascado (12 unidades grandes)
sal e pimenta-do-reino moída na hora a gosto
9g de curry em pó (1 colher de sopa rasa)
20ml de azeite extravirgem (2 colheres de sopa)

Utensílios necessários:
coador, processador de alimentos ou liquidificador, frigideira antiaderente

Obs.: Se for usar outro tipo de lentilha, deixar de molho por 12 horas.

VINHO: Um Riesling não muito jovem, encorpado e untuoso, com seus aromas luxuriantes de frutas e flores, vai fazer justiça a este elegante prato.

Sushioca de Camarão e Caju

O NAVEGADOR | Rio de Janeiro

PREPARO:

1. Fazer um caldo com as cascas do camarão, temperando com sal e pimenta.
2. Misturar a tapioca e o caldo já frio, colocando num tabuleiro por 3 horas para hidratar.
3. Para preparar o ceviche, deixar marinar* os camarões miúdos no sumo de caju com gengibre, sal e molho de pimenta por 4 horas.
4. Escorrer bem e reservar este caldo para enfeitar o prato.
5. Juntar aos camarões o azeite, o sumo de limão, o leite de coco, a pimenta, os pimentões e o coentro.
6. Montar os sushiocas colocando um pouco da mistura de tapioca na base do aro de metal, cobrindo com o ceviche de camarão e caju.
7. Conservar na geladeira até o dia seguinte ou no mínimo por 6 horas.

MONTAGEM:

Servir, no centro do prato, duas ou três unidades de sushioca, enfeitando com folhas

125g de camarão miúdo (descascado e limpo, reservando as cascas para o caldo) (25 unidades)
sal e pimenta-do-reino a gosto
125g de tapioca (3/4 de xícara)
65ml de sumo de caju (sumo de 1 caju)
3g de gengibre fresco ralado (1 colher de chá)
1g de sal (1/3 de colher de café)
1ml de molho de pimenta ou tabasco (1/3 de colher de café)
5ml de azeite extravirgem (1/2 colher de sopa)
2ml de sumo de limão (1/4 unidade)
6ml de leite de coco (1 colher de sopa)
1g de pimenta-do-reino moída (1/2 colher de café)
30g de pimentão colorido picado fininho (1 unidade pequena)
5g de coentro picado miudinho (1/2 colher de sopa)

Para decorar:
folhas variadas para enfeitar o prato, folhas de coentro para enfeitar o sushioca, gotas de azeite, vinagre balsâmico

Utensílios necessários:
tabuleiro, aros de metal ou PVC

variadas, coentro, gotas de azeite, vinagre balsâmico e o caldo do ceviche.

VINHO: Um espumante não safrado, alegre e delicado, vai se ombrear com o frescor do prato e valorizar as nuanças tropicais do conjunto.

Patas de Caranguejo ao Molho de Melaço e Gengibre

NAKOMBI | São Paulo

Preparo das patas de caranguejo:

1. Temperar as patas com sal e pimenta.
2. Em seguida, empaná-las passando na farinha de trigo, no ovo e na farinha de rosca. Reservar.
3. No liquidificador, bater o tofu até obter uma pasta. Passar na peneira.
4. Em uma panela, refogar em 50g de manteiga metade da cebola e do alho. Acrescentar a pasta de tofu e finalizar com 80ml de creme de leite e o óleo de gergelim. Reservar.
5. Levar a abóbora para cozinhar em água até amolecer. Bater no liquidificador.
6. Em outra panela, refogar em 50g de manteiga o restante da cebola e do alho, acrescentar a abóbora e finalizar com o restante de creme de leite. Reservar.
7. Levar as patas para fritar em óleo a 170ºC. Reservar.

Preparo do molho:

1. Misturar o melaço de cana com o saquê, o shoyu e o gengibre.

Para as patas de caranguejo:
6 patas de caranguejo
sal e pimenta-do-reino a gosto
50g de farinha de trigo
(5 colheres de sopa)
1 ovo batido
100g de farinha de rosca
(1/2 xícara)
150g de tofu (1 xícara)
100g de manteiga (4 colheres de sopa)
100g de cebola (1 unidade grande)
5g de alho (1 dente)
160ml de creme de leite fresco (16 colheres de sopa)
1ml de óleo de gergelim torrado (1/3 de colher de café)
150g de abóbora cabocha descascada e cortada em cubos (1 xícara)
1 litro de óleo de soja
3 talos de ciboulette* para decorar

Para o molho:
50ml de melaço de cana (5 colheres de sopa)
30ml de saquê* (3 colheres de sopa)
30ml de shoyu* (3 colheres de sopa)
20g de gengibre picado (2 colheres de sopa)

Utensílios necessários:
liquidificador, peneira, bisnaga, prato quadrado

2. Levar ao fogo até atingir o ponto de calda. Reservar em bisnagas.

MONTAGEM:
Em um prato quadrado, fazer um fio com o molho e dispor as patas sobre ele, colocando uma contra a outra. Ao lado, fazer uma "gota" com o purê de abóbora e uma "gota" com o purê de tofu. Decorar com a ciboulette sobre as patas.

VINHO: Muito aromático como sugere o nome, o xerez do tipo oloroso – seja seco ou ligeiramente doce – tem também um ótimo corpo, capaz de sustentar os condimentos marcantes e a estrutura deste prato.

Salada de Siri

PAPAGUTH | Vitória

PREPARO:

1. Picar o tomate, a cebola e os pimentões em cubinhos pequenos.
2. Dourar a cebola no azeite. Acrescentar o tomate, os pimentões e o sal. Refogar até os pimentões ficarem macios.
3. Adicionar o siri e o coentro. Cozinhar por alguns minutos até perder todo o caldo.
4. Servir a salada de siri quente ou fria com torradas.

160g de tomate médio
(2 unidades)
50g de cebola média (1 unidade)
100g de pimentão vermelho
(2 1/2 unidades pequenas)
100g de pimentão amarelo
(2 1/2 unidades pequenas)
30ml de azeite extravirgem
(3 colheres de sopa)
sal a gosto
400g de carne de siri desfiada
(2 xícaras)
100g de coentro (1 maço)

VINHO: Um branco ligeiro de corpo, de boa acidez e não muito aromático vai se entender perfeitamente com este prato. Há várias e boas opções: um Sylvaner ou Pinot blanc da Alsácia; o piemontês Gavi ou um Pinot grigio do nordeste da Itália; um Riesling Itálico ou Trebbiano brasileiro.

Camarões ao Molho de Laranja e Manjericão

TASTE VIN | Belo Horizonte

30g de manjericão (3 ramos)
50g de manteiga (2 colheres de sopa)
suco coado de 6 laranjas-pera
900g de camarão VG limpo e com rabo (15 unidades)
sal e pimenta-do-reino a gosto
45ml de leite de coco (4 1/2 colheres de sopa)
salsa fresca picada para polvilhar

Utensílios necessários:
panela para cozimento a vapor, fouet

Rendimento: 3 porções

PREPARO:

1. Refogar o manjericão em 1 colher de sopa de manteiga.

2. Adicionar o suco de laranja e reduzi-lo até engrossar como xarope.

3. Retirar o manjericão.

4. Cozinhar o camarão, temperado com sal e pimenta, no vapor (cerca de 6 minutos).

5. Adicionar o leite de coco ao molho de laranja e corrigir o sal.

6. Adicionar a manteiga restante, batendo com o fouet.

MONTAGEM:

Servir os camarões com arroz branco e o molho por cima deles. Polvilhar salsa.

VINHO: Prato nobre, vinho nobre. Pouca gente duvida que o Riesling da Alsácia é um dos grandes brancos do mundo. Sua ótima estrutura, seus aromas frutados e minerais (o inusitado goût de pétrole) são características que vão equilibrar e valorizar este prato.

Ceviche com Gaspacho

UNIVERSAL DINER | Brasilia

Preparo do ceviche:

1. Lavar com água quente o camarão, o polvo e a lula. Reservá-los separadamente com azeite e o suco de 1 limão. Deixar esfriar.
2. Cortar o filé de robalo em lâminas e montar em uma travessa todas as carnes.
3. Cobrir com o suco de limão restante, o pepino, o tabasco e temperar com sal e pimenta.
4. Deixar descansar por 6 horas e, na hora de servir, acrescentar a cebolinha.

Preparo do gaspacho:

Misturar o suco de tomate, o tomate, a cebolinha, o Ajinomoto e a cebola.

VINHO: Um xerez seco, do tipo manzanilla (o mais delicado de todos), vai transitar confortavelmente entre os frutos do mar e o gaspacho. Mas um branco fresco do Penedès ou, ainda, um Sauvignon neozelandês também são uma ótima pedida.

Para o ceviche:
100g de camarão médio sem casca (10 unidades)
100g de polvo cozido e picado (1/2 unidade pequena)
100g de lula em anéis (3 unidades pequenas)
50ml de azeite extravirgem (5 colheres de sopa)
240ml de suco de limão-siciliano (8 unidades)
100g de filé de robalo fresco
60g de pepino japonês picadinho (3 unidades)
tabasco a gosto
sal e pimenta-do-reino a gosto
50g de cebolinha (1/2 maço)

Para o gaspacho:
100ml de suco de tomate (1/2 xícara)
10g de tomate concassé* (1 colher de sopa)
10g de cebolinha laminada (1 colher de sopa)
1 pitada de sal Ajinomoto
10g de cebola laminada (1 colher de sopa)

Utensílio necessário:
travessa

Tortinha de Caranguejo com Maionese de Manjericão

ORIUNDI | Vitória

Para a tortinha:
500g de carne de caranguejo
ou siri bem limpa (2 1/2
xícaras)
20g de pimentão vermelho
picado (1/2 unidade
pequena)
10g de cebolinha verde picada
(1 colher de sopa)
5g de salsa picada (1/2 colher
de sopa)
40ml de suco de limão
(4 colheres de sopa)
50g de maionese (5 colheres
de sopa)
2g de casca de limão picada
e afervedada (2/3 de colher
de café)
50g de cebola picada
e afervedada (1 unidade
pequena)
20g de mostarda de Dijon
(2 colheres de sopa)
1 ovo
100g de pão velho ralado
(1/2 xícara)
sal, pimenta-do-reino e tabasco
a gosto
azeite a gosto

Para a maionese de manjericão:
250g de maionese (1 1/4
de xícara)
20ml de azeite extravirgem
(2 colheres de sopa)

Preparo da tortinha:

1. Misturar os 10 primeiros ingredientes e juntar a metade do pão velho ralado.

2. Verificar o tempero e a consistência. Se necessário, juntar mais pão ralado.

3. Fazer bolinhas de 50g e achatá-las, deixando todas as tortinhas com o mesmo formato.

4. Passar as tortinhas no restante do pão ralado e colocar no freezer por 15 minutos ou até firmar bem.

5. Fritar as tortinhas aos poucos no azeite, em fogo médio, e retirar o excesso de gordura na toalha de papel.

Preparo da maionese de manjericão:

1. Processar a maionese, o azeite, a salsa, o suco de limão, o alho e o manjericão.

2. Misturar os picles e as alcaparras. Temperar a maionese com sal e pimenta.

MONTAGEM:

Servir a tortinha de caranguejo quente com uma salada de folhas variadas, temperada com azeite, e maionese de manjericão à parte.

VINHO: Embalado por sua linda cor "casca de cebola", aromas de frutas vermelhas, corpo acima da média de seus pares e moderada acidez – já que tem suas raízes numa região quente, o sul do Rhône –, o Tavel é o rosado mais respeitado da França, ótima companhia para o sabor marcante do caranguejo.

2g de salsa picada (2/3 de colher de café)
20ml de suco de limão (2 colheres de sopa)
5g de alho picado (1 dente)
10g de manjericão picado (1 colher de sopa)
20g de picles picado (2 colheres de sopa)
10g de alcaparras picadas (1 colher de sopa)
sal e pimenta-do-reino a gosto

Utensílios necessários:
toalha de papel, processador de alimentos

Corzetti da Ligúria com Camarões

VINHERIA PERCUSSI | São Paulo

300g de corzetti (massa artesanal) ou a massa de sua preferência
sal a gosto
60g de cebola picada (2 unidades pequenas)
120ml de azeite (12 colheres de sopa)
80g de tomate sem pele picado (1 unidade média)
720g de camarão grande sem casca e só com a cauda (12 unidades)
100ml de vinho branco seco (1/2 taça)
5g de curry (1 colher de chá)
200ml de creme de leite fresco (1 xícara)

Para decorar:
ciboulette

Utensílio necessário:
frigideira

PREPARO:

1. Cozinhar a massa em bastante água fervente com sal.

2. Em uma frigideira, refogar a cebola no azeite e acrescentar o tomate.

3. Em seguida, refogar os camarões, regar com o vinho e deixar evaporar.

4. Temperar com curry, sal e dar o ponto com o creme de leite.

MONTAGEM:

Servir o molho sobre a massa e decorar com a ciboulette.

VINHO: Não precisamos – e nem devemos – sair da Itália para escolher um vinho para este prato. No sul do país, a Puglia produz ótimos rosados, entre eles o Salice Salentino e o Castel del Monte, perfeitos aqui.

Lagostas Crocantes em Salsa de Mel e Gergelim

WANCHAKO | Maceió

Preparo da lagosta:

1. Limpar as caudas da lagosta, tirando a tripa. Temperá-las com sal e pimenta.
2. Bater os ovos com um garfo, mesclando.
3. Passar as lagostas na farinha de trigo, nos ovos e no coco ralado.
4. Em uma frigideira, fritá-las em óleo quente até que tenham um dourado uniforme. Reservar.

Preparo da salsa de mel e gergelim:

1. Colocar a manteiga na frigideira e deixar dourar. Acrescentar o mel.
2. Adicionar o vinagre, as polpas de tangerina e o caldo de galinha.
3. Deixar reduzir em ponto de mel, e, por último, colocar o gergelim.

MONTAGEM:

1. Arrumar as caudas de lagosta no prato de maneira que permaneçam em pé.
2. Dispor a salsa de mel e, por último, as batatas-doces.

Para a lagosta:
800g de filé de lagosta (8 unidades)
10g de sal (1 colher de sopa)
5g de pimenta-branca (1 colher de chá)
2 ovos
100g de farinha de trigo (1/2 xícara)
200g de coco ralado (1 xícara)
900ml de óleo (1 lata)

Para a salsa de mel e gergelim:
10g de manteiga (2 colheres de chá)
50g de mel de abelha (5 colheres de sopa)
10ml de vinagre branco (1 colher de sopa)
2 polpas de tangerina
caldo de galinha feito com 1/2 tablete
30g de gergelim cru (3 colheres de sopa)

Para decorar:
batata-doce frita (tipo batata palha)

Utensílio necessário:
frigideira

VINHO: Um Riesling alemão do tipo Halbtrocken – ou seja, meio seco – certamente fará um belo contraponto com o conjunto representado por lagosta/mel/tangerina.

Espetinhos de Camarão com Queijo e Cana

XAPURI | Belo Horizonte

PREPARO:

1. Temperar o camarão com sal, pimenta e suco de limão.
2. Intercalar em espetos finos o camarão e o queijo e, no final, dois cubos de cana. Grelhar em uma chapa, virando vagarosamente. Depois de grelhado, colocar em um prato.
3. Fritar o bacon no azeite e colocar por cima do espetinho.
4. Decorar com flores feitas de casca de limão.

1kg de camarão médio sem casca (25 unidades)
sal e pimenta-do-reino a gosto
30ml de suco de limão (1 unidade)
500g de queijo canastra curado cortado em cubinhos (2 1/2 xícaras)
2 cubos grandes de cana cortados em cubinhos
100g de bacon picadinho (1/2 xícara)
50ml de azeite (5 colheres de sopa)
casca de limão, para decorar

Utensílios necessários:
espetos finos, chapa

VINHO: Graças ao alto teor alcoólico, um Porto branco seco tem suficiente maciez e doçura para escoltar este prato.

Ramequim de Camarão

VECCHIO SOGNO | Belo Horizonte

Para o royal:
5 ovos
500ml de creme de leite
    (2 1/2 xícaras)
1 pitada de noz-moscada

Para o ramequim:
500g de camarão médio limpo
    (20 unidades)
sal e pimenta-do-reino a gosto
5g de açúcar (1 colher
    de sobremesa)
30ml de limão (3 colheres
    de sopa)
150g de bacon picado (3/4 de
    xícara)
40g de alho-poró fatiado
    (1 unidade)
200g de tomate concassé*
    (2 unidades grandes)
50ml de azeite (5 colheres
    de sopa)
60g de cebola
    (aproximadamente
    1 unidade média)
10g de juliana* de basílico
    (1 colher de sopa)

Utensílios necessários:
batedor de arame, refratário,
ramequim

Preparo do royal:*

1. Juntar os ovos e o creme de leite em um recipiente.
2. Cozinhar em banho-maria*, sempre batendo a mistura com um batedor de arame até que se forme um creme espesso.
3. Retirar a espuma e temperar com sal e noz-moscada. Reservar.

Preparo do ramequim:

1. Temperar o camarão com sal, pimenta, açúcar e limão. Reservar.
2. Refogar o bacon, juntar o alho-poró e deixar murchar* bem.
3. Colocar o alho-poró no fundo de um refratário.
4. Dispor os camarões sobre o alho-poró.
5. Acrescentar o royal* e assá-los a 170°C em banho-maria.
6. Refogar os tomates em azeite com a cebola e temperá-los.
7. Na hora de servir, colocar o tomate no centro do ramequim em forma de pico.

Acrescentar a juliana de basílico por cima do tomate.

VINHO: Não é qualquer vinho que consegue suportar um creme à base de ovos: o Tocai friulano, do nordeste da Itália, com seu intrigante nariz de amêndoa amarga e ótima estrutura, dá conta dessa tarefa com muita competência.

Camarão com Torradas

EMPORIUM PAX BOTAFOGO | Rio de Janeiro

8 folhas de azedinha
10g de alho (2 dentes)
100g de maionese (1/2 xícara)
sal a gosto
2,5ml de molho de pimenta
vermelha (1/2 colher
de chá)
80g de manteiga amolecida
(3 1/2 colheres de sopa)
12 fatias de pão francês,
cortados em diagonal,
com 2cm de espessura
30ml de azeite (3 colheres
de sopa)
300g de camarão VM sem casca
(12 unidades)

Para decorar:
folhas de manjericão roxo
fatias de limão

Utensílios necessários:
processador de alimentos,
frigideira grande, toalha
de papel

PREPARO:

1. Colocar as folhas de azedinha, o alho, a maionese, o sal e o molho de pimenta em um processador de alimentos e bater até formar uma pasta homogênea. Reservar.

2. Passar manteiga em ambos os lados das fatias de pão.

3. Aquecer 20ml de azeite em uma frigideira grande e fritar as fatias de pão até ficarem bem douradas dos dois lados. Retirá-las da frigideira, escorrê-las na toalha de papel e mantê-las aquecidas.

4. Esquentar o azeite restante em outra frigideira e grelhar os camarões por 1 minuto.

MONTAGEM:

1. Com uma colher, colocar um pouco de molho sobre as torradas e arranjar os camarões por cima.

2. Decorar com folhas de manjericão e servir com fatias de limão.

VINHO: Um Chardonnay jovem, bem frutado e com boa acidez vai combinar bem com o prato, porém sem ofuscá-lo: pense num produto brasileiro, da Serra Gaúcha.

Camarões Graúdos com Pimenta-Verde

MARGUTTA | Rio de Janeiro

PREPARO:

1. Refogar o alho e a cebola na manteiga até dourar. Adicionar os camarões, a pimenta-verde e flambar* com conhaque. Em seguida, juntar o creme de leite. Temperar com sal.
2. Deixar o molho ficar denso e polvilhar com a salsa.
3. Acompanhar com a batata sauté, frita e passada na manteiga com salsa.

MONTAGEM:

Os camarões com molho devem ficar à direita do prato e as batatas, à esquerda. Servir quente.

VINHO: A delicada doçura deste prato remete a um vinho macio, de boa estrutura e média acidez. A Argentina tem feito muitos progressos com a casta Viognier, que, além do mais, tem aromas bastante delicados. Apenas evite aqueles muito alcoólicos.

5g de alho picado (1 dente)
50g de cebola picada
(1 unidade)
10g de manteiga sem sal
(2 colheres de chá)
1,2kg de camarão VG
descascado e limpo
(20 unidades)
20g de pimenta-verde
(2 colheres de sopa)
50ml de conhaque (2 doses)
500ml de creme de leite
(2 1/2 xícaras)
sal a gosto
1 molho de salsa picada
batata sauté finamente cortada

Pratos Principais

Camarões ao Melado e Rum

ALICE | Brasília

PREPARO:

1. Em uma frigideira grande, esquentar o azeite. Dourar os camarões dos dois lados em fogo alto.
2. Reduzir o fogo e retirar a frigideira. Longe da chama, adicionar o rum com muito cuidado. Levar novamente a frigideira ao fogo médio e deixar flambar*.
3. Quando não houver mais chamas, acrescentar o suco de laranja, o melado e a pimenta. Deixar cozinhar por mais 5 minutos. Servir bem quente.

VINHO: Este prato é marcado pela doçura do melado, daí a sugestão de um Madeira Verdelho meio doce, produzido com essa casta natural da ilha.

80ml de azeite extravirgem (8 colheres de sopa)
800g de camarão-rosa do tipo GG descascado e limpo (10 unidades)
60ml de rum (6 colheres de sopa)
60ml de suco de laranja (6 colheres de sopa)
60ml de melado (6 colheres de sopa)
10g de pimenta-verde (1 colher de sopa)

Utensílio necessário:
frigideira grande

Siri-Mole com Seriguela

AKUABA | Alagoas

30g de tomate picado
(1/2 xícara)
30g de cebola picada (1 unidade pequena)
30g de coentro picado
(3 colheres de sopa)
25ml de azeite (2 1/2 colheres de sopa)
150g de siri-mole (2 unidades pequenas)
200ml de leite de coco (1 xícara)
sal a gosto
50ml de azeite de dendê
(5 colheres de sopa)
50g de seriguela selecionada
(grande e madura)
(2 unidades)
30g de hortelã picada
(3 colheres de sopa)
20g de cebolinha picada
(2 colheres de sopa)

Utensílio necessário:
panela de barro (de preferência)

PREPARO:

1. Em uma panela de barro, colocar o tomate, a cebola, o coentro, o azeite, o siri-mole, o leite de coco e o sal. Levar ao fogo para cozinhar por 15 minutos.

2. Em seguida, acrescentar o azeite de dendê e cozinhar por mais 10 minutos.

3. Adicionar a seriguela, a hortelã e a cebolinha e deixar no fogo por mais 3 minutos.

Sugestão de acompanhamento:
Servir com arroz branco e farofa de dendê.

VINHO: Especialidade portuguesa do norte do país, o vinho verde é um branco leve, perfumado e alegre – graças à alta acidez, sua característica mais distintiva. Um vinho refrescante para um prato bem tropical.

Plateau de Frutos do Mar

AMADEUS | São Paulo

PREPARO:

1. Lavar e abrir cuidadosamente as ostras. Deixá-las na concha, preservando a água. Reservar.
2. Limpar as conchas dos mariscos e retirar o bisso.
3. Levá-las ao forno em uma assadeira por cerca de 15 minutos, para que se abram. Reservar.
4. Lavar as conchas de vôngole.
5. Cozinhar numa panela o azeite, o alho e os vôngoles. Tampar.
6. Mexer de tempos em tempos para que cozinhem por igual por cerca de 15 minutos.
7. Adicionar o vinho. Tampar e deixar cozinhar por mais 5 minutos. Reservar.
8. Lavar as vieiras e abrir para retirar o músculo e o coral.
9. Temperar com sal e pimenta. Levar ao fogo com um fio de azeite.
10. Adicionar o vermute e 1/2 alho-poró. Abafar por cerca de 1 minuto e meio.
11. Arrumar a mistura em 4 das conchas de vieira. Reservar.

24 ostras frescas
1kg de marisco (50 unidades na casca)
500g de vôngole (25 unidades na casca)
30ml de azeite (3 colheres de sopa)
20g de alho (4 dentes)
100ml de vinho branco seco (1/2 xícara)
1kg de vieira (20 unidades na casca)
2g de sal (2/3 de colher de café)
2g de pimenta-do-reino moída (2/3 de colher de café)
75ml de vermute (7 1/2 colheres de sopa)
40g de alho-poró (1 unidade)
500g de camarão-rosa graúdo (4 unidades)
sal e pimenta a gosto
250g de limão (5 unidades)
6 ramos de salsinha (6 colheres de sopa)
2kg de lagosta (2 unidades)
1 folha de louro
1 rama de tomilho
1kg de gelo moído

Utensílios necessários:
faca para abrir ostra, assadeira, panela para cozimento no vapor, travessa

12. Lavar os camarões. Temperar com sal, pimenta e limão. Marinar* por 10 minutos.
13. Cozinhar no vapor com 5 ramos de salsinha e o restante do alho-poró por cerca de 10 minutos. Reservar.
14. Lavar a lagosta, cortar ao meio e limpar a cabeça.
15. Cozinhar em água com 1 ramo de salsinha, louro, tomilho, sal, limão e pimenta por cerca de 15 minutos.

MONTAGEM:

1. Colocar o gelo numa travessa.
2. Dispor ao redor as ostras, os mariscos e depois as vieiras e os vôngoles (usar as conchas das vieiras).
3. No centro, arrumar as lagostas e distribuir os camarões por toda a travessa.
4. Cortar os limões em quatro e, se preferir, temperar também com outros molhos (aioli, vinagrete, golf ou americano).

VINHO: Para valorizar o sabor desses crustáceos, uma ótima pedida é um borgonha nobre da estatura do Puligny-Montrachet ou do Chassagne-Montrachet branco.

Camarão ao Creme de Bobó e Purê de Banana-da-Terra

BISTRÔ D'ACAMPORA | Florianópolis

Preparo do creme de bobó:

1. Cozinhar muito bem o aipim na água e no leite com uma pitada de sal. Escorrer. Passar pelo liquidificador, aos poucos, juntando o caldo de frango para diluir. Peneirar.

2. Numa panela, refogar a cebola e o coentro em 1 colher de sopa de azeite. Juntar o creme de aipim, o restante do caldo e o leite de coco e deixar cozinhar até pegar gosto e atingir uma consistência de molho espesso. Temperar com sal, pimenta e noz-moscada.

3. Temperar os camarões com sal e pimenta e dourar em frigideira bem quente com 4 colheres de sopa de azeite. Reservar.

Preparo do purê de banana-da-terra:

1. Descascar as bananas. Cortar 3 bananas em fatias ao comprido, 3 a 4 fatias por banana. Cortar as restantes em rodelas.

2. Numa panela, colocar o açúcar para derreter. Juntar o rum, a canela e as bananas em rodelas.

Para o creme de bobó:
500g de aipim picado (2 1/2 xícaras)
500ml de água (2 1/2 xícaras)
500ml de leite (2 1/2 xícaras)
sal a gosto
2 litros de caldo de frango (ver receita na p. 167)
50g de cebola picada (1 unidade)
10g de coentro picado (1 colher de sopa)
80ml de azeite extravirgem (8 colheres de sopa)
200ml de leite de coco (1 xícara)
pimenta-do-reino a gosto
1 pitada de noz-moscada ralada
1,2kg de camarão sem casca (20 unidades grandes)

Para o purê de banana-da-terra:
900g de banana-da-terra bem madura (9 unidades)
10g de açúcar mascavo (1 colher de sopa) e uma porção extra para salpicar
10ml de rum (1 colher de sopa)
1 pau de canela
1 pitada de noz-moscada
sal e pimenta-do-reino a gosto
50g de manteiga (2 colheres de sopa)
20ml de creme de leite fresco (2 colheres de sopa)

óleo para fritar

Para decorar:
gotas de azeite de dendê
(opcional)
folhas de coentro

Utensílios necessários:
escorredor, liquidificador
ou processador de alimentos,
peneira, tabuleiro, toalha de
papel, aro de metal de 6cm
de diâmetro, prato de serviço

3. Cozinhar em fogo brando, pingando água, até se desfazerem. Acrescentar a noz--moscada, o sal e a pimenta.
4. Bater no liquidificador. Retornar à panela, acrescentar a manteiga e o creme de leite e misturar bem.
5. Fritar as fatias em óleo bem quente até ficarem douradas. Transferir para um tabuleiro forrado com toalha de papel. Temperar com sal e pimenta.
6. Dispor as fatias de banana na lateral interna num aro de metal untado. Colocar o purê no meio. Salpicar açúcar mascavo e gratinar* em forno quente.

MONTAGEM:
1. Num prato de serviço, arrumar os camarões formando um leque.
2. Desenformar o aro no centro do prato.
3. Dispor em volta o creme de bobó.
4. Decorar com algumas gotas de azeite de dendê e folhas de coentro.

VINHO: Generoso de corpo, de acidez moderada e bom nariz, um Pinot gris da Alsácia certamente vai equilibrar bem este prato, de tendência doce e boa estrutura.

Cavaquinha com Batata Crocante e Musseline de Ervilhas e Molho Perfumado com Pimenta-de-Sichuan

CARÊME BISTRÔ | Rio de Janeiro

PREPARO:

1. Num moinho, quebrar a pimenta-de-sichuan. Misturar com o shoyu, o vinagre, o açúcar e 40ml de azeite. Reservar.
2. Colocar a ervilha num recipiente com água fria.
3. Suar a cebola e o alho no restante do azeite.
4. Acrescentar a ervilha, refogar rapidamente e adicionar o caldo de legumes. Temperar com sal e pimenta. Cozinhar por aproximadamente 8 minutos.
5. Bater tudo no processador e conferir o tempero. Para a mistura ficar ainda mais lisa, passar numa peneira fina. Reservar.
6. Temperar as cavaquinhas com sal e pimenta. Arrumá-las num tabuleiro e regar com azeite extravirgem. Levar ao forno a 150°C por 4 minutos. Colocar na geladeira para esfriar.

2,5g de pimenta-de-sichuan (1/2 colher de chá)
20ml de molho shoyu (2 colheres de sopa)
20ml de vinagre de xerez (2 colheres de sopa)
5g de açúcar mascavo (1 colher de chá)
65ml de azeite (6 1/2 colheres de sopa)
225g de ervilha congelada (2 1/8 xícaras)
20g de cebola picada (1/2 unidade média)
5g de alho picado (1 dente)
65ml de caldo de legumes (6 1/2 colheres de sopa) (ver receita na p. 168)
sal e pimenta-do-reino branca a gosto
12 cavaquinhas com aproximadamente 80g cada (já limpas)
10ml de azeite extravirgem (1 colher de sopa)
150g de batata-inglesa (1 unidade grande)
100ml de manteiga clarificada (1/2 xícara) (ver receita na p. 173)

Para decorar:
crocantes da batata
salsa crespa frita

Utensílios necessários:
moinho, processador de
alimentos, peneira fina,
tabuleiro, máquina manual para
descascar (slicer), pincel,
salamandra*, toalha de papel

7. Com um slicer, preparar os fios de batata.

8. Envolver as cavaquinhas com os fios de batata. Levar novamente ao forno a 150°C por 4 minutos.

9. Pincelar os fios de batata com manteiga e levar para a salamandra até obter uma cor mais dourada.

10. Numa panela, com o restante de manteiga clarificada quente, colocar os fios de batata e dar-lhes uma forma interessante. Retirar os crocantes de batata, arrumá-los sobre a toalha de papel e temperar com sal.

MONTAGEM:

Aquecer a musseline de ervilha e colocar uma boa colher de sopa no centro do prato. Dispor as cavaquinhas sobre a musseline e decorar com os crocantes de batata e a salsa. Por último, derramar ao redor o azeite perfumado com pimenta-de-sichuan.

VINHO: Vivo na acidez, com traços minerais e finos aromas vegetais, o Pouilly-Fumé, do vale do Loire, 100% Sauvignon Blanc, vai fornecer a nota refrescante necessária para manter sob controle o lado picante deste prato.

Assiete de Palmito com Lagostim

CANTALOUP | São Paulo

Preparo do assiete:

1. Ferver a água com o azeite.
2. Cortar a pupunha em cubos médios e colocá-los na água fervendo por cerca de 10 minutos,
3. Após cozido, retirar o palmito da água e amassá-lo um pouco. Misturar a manteiga e a cebolinha. Temperar com sal e pimenta.
4. Grelhar os lagostins. Reservar.

Preparo do creme de parmesão:

1. Reduzir o creme de leite à metade e juntar o parmesão.
2. Em um recipiente de inox, bater, em banho-maria*, as gemas com a água e o vinho até que a mistura se torne pastosa.
3. Misturar com o creme reduzido.

MONTAGEM:

1. Com um aro, fazer um gâteau com as camadas de palmito. Colocar o creme de parmesão por cima e gratinar* por 4 minutos no forno preaquecido a 170ºC.

Para o assiete:
1,5 litro de água (7 1/2 xícaras)
50ml de azeite (5 colheres de sopa)
600g de palmito pupunha sem caooa (15 unidades pequenas)
100g de manteiga amolecida (4 colheres de sopa)
20g de cebolinha francesa picada (2 colheres de sopa)
sal e pimenta-do-reino a gosto
640g de lagostim fresco com casca (13 unidades)

Para o creme de parmesão:
500ml de creme de leite (2 1/2 xícaras)
200g de parmesão ralado (1 xícara)
4 gemas
40ml de água (4 colheres de sopa)
40ml de vinho branco (4 colheres de sopa)

Utensílios necessários:
recipiente de inox, aro

Colocar um lagostim em cima do assiete e os outros em volta.

VINHO: A descrição do prato pede um branco delicadamente aromático de corpo médio e alcoolicidade moderada. Assim, a indicação vai para um Graves, da parte sul de Bordeaux.

Camarão Nossa Praia

CHEZ GEORGE | Recife

PREPARO:

1. Deixar o camarão de molho em água durante 2 horas para retirar o sal.
2. Limpar e cortar o polvo em pedaços grandes, separando-os.
3. Escaldar a fava três vezes, sempre trocando a água. Escoar e reservar.
4. Numa paellera, refogar no azeite o alho, a cebola, o pimentão, a pimenta-de-cheiro, o tomate, o camarão e o polvo.
5. Depois, adicionar a fava e deixar refogar mais um pouco.
6. Acrescentar o caldo de peixe e o leite de coco, deixando cozinhar por 30 minutos.
7. Decorar com a pimenta-de-cheiro.

VINHO: A lembrança de uma paella, aromática e muito saborosa, faz a imaginação voar para os lados da Espanha: lá existem vinhos rosados de qualidade, muito adequados para este prato.

600g de camarão seco (grande, inteiro, com cabeça) (60 unidades)
200g de polvo cozido (1 unidade média)
400g de fava (2 xícaras)
50ml de azeite (5 colheres de sopa)
20g de alho picado (4 dentes)
50g de cebola picada (1 unidade média)
50g de pimentão colorido picado (1 unidade média)
5g de pimenta-de-cheiro (1/2 unidade)
150g de tomate concassé* (15 colheres de sopa)
500ml de caldo de peixe (2 1/2 xícaras) (ver receita na p. 169)
250ml de leite de coco (2 1/4 xícaras)

Para decorar:
pimenta-de-cheiro inteira

Utensílios necessários:
escorredor, paellera

Camarão Sir William

CASA DA SUÍÇA | Rio de Janeiro

50g de manteiga clarificada (5 colheres de sopa) (ver receita na p. 173)
10g de bacon picadinho (1 colher de sopa)
1,2kg de camarão sem casca pré-cozido e temperado com sal e limão (20 unidades grandes)
15ml de Pernod Ricard (1 1/2 colher de sopa)
40g de cebola picada (1 unidade média)
80g de maçã picada na faca (1 unidade)
80g de abacaxi picadinho (1/2 xícara)
10g de ervas frescas picadinhas (1 colher de sopa)
150ml de champanhe (3/4 de xícara)
100ml de molho bechamel (1/2 xícara)
40g de curry (4 colheres de sopa)
100ml de creme de leite fresco (1/2 xícara)
10g de aneto* picado na faca (1 colher de sopa)
20g de geleia de cereja (2 colheres de sopa)

PREPARO:

1. Em uma frigideira, aquecer a metade da manteiga e o bacon.

2. Colocar os camarões. Deixar dourar, virando sempre.

3. Flambar com o Ricard, retirar do fogo e reservar.

4. Na mesma frigideira, adicionar o restante da manteiga, a cebola, a maçã, o abacaxi e as ervas. Dourar por 2 minutos.

5. Acrescentar o champanhe e deixar reduzir à metade. Juntar o bechamel e mexer bem. Adicionar o curry e misturar bem.

6. Acrescentar o creme de leite, recolocar os camarões no molho e deixar reduzir um pouco. No final, juntar o aneto.

MONTAGEM:

1. Arrumar os camarões num semicírculo e cobrir com o molho. No centro de cada camarão, colocar um pingo de geleia de cereja.

2. Servir com arroz de passas e amêndoas.

VINHO: Este rico prato, untuoso e puxado para o doce, pede um vinho de alta gama, com bom corpo e acidez presente: nada menos que um Riesling Grand Cru, o mais alto representante dos grandes brancos da Alsácia.

Panelada de Crustáceos ao Vapor com Molho Verde

CIELO | Brasília

200g de cavaquinha (1 unidade)
900g de lagosta (1 unidade)
160g de camarão VG
(1 unidade)
360g de camarão-rosa
(3 unidades)
2 tentáculos e 2 tubos de lula
2g de cebola picadinha (2/3 de
colher de chá)
2 colheres de sopa de azeite
50ml de creme de leite fresco
(5 colheres de sopa)
30 folhas de espinafre
30 galhos de salsinha
400g de abobrinha italiana
(2 unidades médias)
40g de alho-poró (1 unidade
média)
sal a gosto
40ml de caldo de legumes
(4 colheres de sopa)
(ver receita na p. 168)
azeite extravirgem
pimenta-do-reino ralada na hora
a gosto

Para decorar:
alcaparras, azeitonas pretas,
tomate cereja, galhos de
endro*

Utensílios necessários:
panela para cozimento no vapor,
liquidificador

1. Cozinhar todos os crustáceos no vapor por 5 minutos. Reservar.

2. Refogar a cebola no azeite.

3. Acrescentar o creme de leite, o espinafre, a salsinha, a abobrinha e o alho-poró. Temperar com sal.

4. Bater tudo no liquidificador com o caldo de legumes.

MONTAGEM:

Desenhar o molho verde sobre o prato e arrumar os frutos do mar. Dispor os ingredientes da decoração sobre eles. Acrescentar azeite e pimenta.

VINHO: As características mediterrâneas sugerem um vinho alegre, ensolarado e descomplicado, charmoso desde a cor: um rosé da Provence.

Obs.: As lulas devem ser grelhadas em forma de escama, com os tentáculos. Para conferir a aparência de escamas, dar cortes rasos diagonais em duas direções, formando pequenos losangos.

Espaguete com Camarões e Funghi

CANTINA ITALIANA | Macapá

PREPARO:

1. Colocar os porcini de molho em um recipiente com água por pelo menos 20 minutos. Retirá-los, espremer o excesso de água no recipiente, então enxaguá-los sob água corrente e picá-los ligeiramente. Filtrar a água em que ficaram de molho em toalha ou filtro de papel e reservar.

2. Colocar o azeite e a cebola em uma panela grande sobre fogo médio e cozinhar até a cebola amolecer e ficar bem dourada.

3. Adicionar os porcini hidratados e a água filtrada, aumentar o fogo e cozinhar, mexendo, até quase toda a água ter evaporado.

4. Adicionar os cogumelos, temperar com sal e pimenta e cozinhar, mexendo, até ficarem macios e a água que eles soltam ter evaporado.

5. Acrescentar o tomate e cozinhar por 2 minutos.

6. Juntar os camarões, adicionar o creme de leite e cozinhar, mexendo todo o

30g de porcini seco (3 colheres de sopa)
250ml de água morna
90ml de azeite extravirgem (6 colheres de sopa)
90g de cebola, cortada fininho no sentido do comprimento (1 unidade grande)
350g de cogumelo branco fresco, cortado em fatias finas (2 3/4 xícaras)
sal e pimenta-do-reino preta a gosto
250g de tomate fresco maduro, sem pele e sem semente, cortado em cubinhos de 1cm (2 1/2 unidades grandes)
350g de camarão cru de tamanho médio, sem casca e limpo, cortado em 3 pedaços (14 unidades)
120ml de creme de leite sem soro (8 colheres de sopa)
500g de espaguete cozido al dente

Utensílios necessários:
toalha ou filtro de papel, panela grande

tempo, até o creme reduzir à metade. Retirar a panela do fogo.

7. Juntar o espaguete ao molho e servir a seguir.

VINHO: Leve e descontraído, um Pinot grigio do nordeste da Itália (Veneto, Trentino ou Friuli) vai fazer boa dupla com este prato.

Fettuccini com Alcachofra e Camarão ao Creme de Açafrão e Mascarpone

EMPÓRIO RAVIOLI | São Paulo

Para a massa:
10ml de azeite (1 colher de sopa)
200g de camarão médio sem casca (8 unidades)
600g de coração de alcachofra bem tenros cortados ao meio (12 unidades)
sal e pimenta-do-reino a gosto
500g de fettuccini cozido al dente

Para o molho:
200ml de caldo de peixe (1 xícara) (ver receita na p. 169)
100ml de vinho branco (1/2 xícara)
300ml de creme de leite (1 1/2 xícara)
50g de mascarpone* (2 colheres de sopa)
1g de açafrão (1 envelope)
50g de parmesão ralado (5 colheres de sopa)
sal a gosto

Para decorar:
4 ramos de alecrim
4 ramos de salsa

Preparo da massa:

1. Em uma frigideira untada com azeite, dourar os camarões, seguidos da alcachofra.
2. Temperar a gosto e acrescentar o fettuccini.

Preparo do molho:

1. Em uma panela, ferver o caldo de peixe e o vinho. Reduzir por 5 minutos. Acrescentar o creme de leite e reduzir por mais 5 minutos.
2. Colocar o mascarpone e o açafrão.
3. Finalizar com parmesão e corrigir o sal.

MONTAGEM:

1. Dispor a massa no centro de cada prato.
2. Distribuir os camarões e a alcachofra e colocar o molho harmoniosamente.
3. Decorar com ramos de alecrim e de salsa e servir.

VINHO: A presença da alcachofra pode criar dificuldade para o vinho, mas tente um Chardonnay, da Sicília, que tem boa estrutura e é muito macio.

Frutos do Mar à Indiana com Arroz de Coco

DARTAGNAN | Belo Horizonte

Preparo do arroz de coco:

1. Colocar o leite de coco em uma panela e levar ao fogo. Deixar ferver até reduzir e transformar-se em óleo de coco e escurecer.
2. Adicionar o arroz, a cebola, o sal com alho e o açúcar.
3. Acrescentar o caldo de frango e água quente até cozinhar o arroz. Reservar.

Preparo dos frutos do mar:

1. Refogar a cebola em 1 colher de azeite e deixar dourar.
2. Acrescentar os outros ingredientes (menos os frutos do mar). Deixar ferver e encorpar.
3. Grelhar os frutos do mar no restante do azeite, incorporar no molho e servir.

VINHO: Mango chutney, curry, leite de coco? Das duas, uma: ou você bebe um chá ou parte direto para um Gewürztraminer, que se sente em casa com esses tipos de ingrediente.

Para o arroz de coco:
400ml de leite de coco
(2 garrafas)
200g de arroz lavado e seco
(4 xícaras)
25g de cebola ralada
(1/2 unidade média)
sal com alho a gosto
5g de açúcar (1/2 colher de chá)
400ml de caldo de frango
(2 xícaras) (ver receita
na p. 167)

Para os frutos do mar:
10g de cebola ralada (1 colher
de sopa)
20ml de azeite (2 colheres de
sopa)
600ml de molho de tomate
(3 xícaras)
75g de mango chutney
(3 colheres de sopa)
15g de curry (3 colheres de chá)
130ml de caldo de camarão
(2/3 de xícara)
200g de cavaquinha sem casca
e limpa (1 unidade grande)
200g de lula limpa cortada
em anéis (2 unidades
grandes)
200g de camarão médio limpo
(8 unidades)

Espaguete com Frutos do Mar

GIUSEPPE | Rio de Janeiro

10g de alho picado (2 dentes)
60ml de azeite extravirgem
(6 colheres de sopa)
300g de lula cortada em rodelas
(3 unidades grandes)
50ml de vinho branco
(5 colheres de sopa)
300g de camarão VM
sem casca (12 unidades)
300g de polvo cozido cortado
em pedacinhos (1 1/2
unidade média)
sal e pimenta-do-reino a gosto
pimenta-malagueta a gosto
500g de tomate em lata sem
pele, em pedaços
(5 unidades grandes)
500ml de molho de tomate
(2 1/2 xícaras) (ver
receita na p. 171)
10g de salsa picada (1 colher
de sopa)
500g de espaguete

PREPARO:

1. Dourar o alho no azeite. Quando estiver dourado, acrescentar a lula, refogar e juntar o vinho. Deixar cozinhar até o molho reduzir.

2. Quando a lula estiver bem cozida, juntar o camarão e o polvo. Temperar com sal e pimenta.

3. Adicionar o tomate, o molho de tomate e a salsa e deixar cozinhar por 5 a 10 minutos.

4. Cozinhar o espaguete e misturar ao molho.

VINHO: As opções são muitas e todas agradáveis: desde um espumante jovem até o italiano Verdicchio dei Castelli di Jesi, passando pelo refrescante vinho verde branco português e pelo francês Muscadet.

Camarão à Mediterrânea com Rigatoni Recheado de Ricota e Brócolis

DONA DERNA | Belo Horizonte

Preparo do rigatoni:

1. Cozinhar a massa em 2 litros de água e sal. Escorrer quando estiver al dente. Lavar com água fria e reservar.
2. Cozinhar o brócolis em água e sal até amaciar. Escorrer e colocar em água e gelo.
3. Refogar o alho em azeite. Juntar o brócolis e continuar refogando. Temperar com sal e pimenta.
4. Levar ao processador e bater até virar purê.
5. Adicionar a ricota e o parmesão e misturar bem.
6. Colocar o purê obtido em um saco de confeiteiro e encher os rigatoni. Reservar.

Preparo do molho de camarão:

1. Em uma frigideira grande, fritar a berinjela e a abobrinha em 1 1/2 colher de azeite quente e reservar.
2. Na mesma frigideira, colocar o restante do azeite e dourar o alho. Acrescentar os camarões e refogá-los por 2 minutos.

Para o rigatoni:
250g de rigatoni
sal a gosto
200g de brócolis (1 molho)
5g de alho picado (1 dente)
20ml de azeite (2 colheres de sopa)
pimenta-do-reino a gosto
150g de ricota (1 xícara)
30g de queijo parmesão ralado (3 colheres de sopa)

Para o molho de camarão:
200g de berinjela cortada em cubinhos (1 unidade pequena)
220g de abobrinha cortada em cubinhos (1 unidade)
50ml de azeite extravirgem (5 colheres de sopa)
10g de alho fatiado (2 dentes)
960g de camarão VG, sem casca e sem cabeça (16 unidades)
640g de tomate sem pele e sem semente, picado em cubinhos (8 unidades)
4 ramos de orégano fresco (4 colheres de sopa)
sal e pimenta-calabresa a gosto

Utensílios necessários: escorredor, processador de alimentos, saco de confeiteiro com bico grande, frigideira grande, assadeira

3. Juntar o tomate e o orégano, deixando refogar por mais 2 minutos.
4. Acertar o sal e colocar uma pitada de pimenta-calabresa. Reservar.

MONTAGEM:

1. Regar o fundo da assadeira com um pouco de molho, colocar os rigatoni por cima e cobrir com o restante do molho e os camarões.
2. Levar ao forno a 150° C por 5 minutos e servir.

VINHO: Se quiser ficar na área de inspiração do prato – o que é sempre uma boa opção –, escolha um branco da Sicília, por exemplo, o Bianco Alcamo. Se não fizer questão, o vivo Verdicchio, da região adriática do Marche, também vai dar certo.

Camarão do Barão

ESCH CAFE LEBLON | Rio de Janeiro

Preparo do camarão:

1. Em fogo médio para alto, colocar a manteiga numa frigideira e deixar a cebola suar, refogando-a até ficar translúcida.
2. Acrescentar o camarão, o aipo e o alho-poró e deixar cozinhar por aproximadamente 5 minutos.
3. Em seguida, deglaçar com o vinho. Deixar o vinho reduzir até 1/4 do volume e acrescentar o creme de leite.
4. Ajustar o sal e a pimenta e deixar cozinhar por mais 4 minutos.

Preparo do arroz de passas:

1. Em uma frigideira em fogo médio, derreter a manteiga e saltear* as passas.
2. Acrescentar o arroz e ajustar o sal. Deixar a mistura no fogo até esquentar.

Preparo do pot-pourri de legumes concassé:

1. Em outra frigideira, aquecer o azeite.
2. Saltear os legumes e ajustar o sal e a pimenta.

Para o camarão:
50g de manteiga (2 colheres de sopa)
30g de cebola cortada em cubinhos (1 unidade pequena)
300g de camarão VG descascado e limpo, sem as vísceras (5 unidades)
15g de aipo cortado em cubinhos (1/2 unidade)
15g de alho-poró cortado em cubinhos (1/2 unidade)
50ml de vinho Chardonnay (5 colheres de sopa)
100ml de creme de leite fresco (1/2 xícara)
sal e pimenta-do-reino branca a gosto

Para o arroz de passas:
25g de manteiga (1 colher de sopa)
25g de passa branca sem caroço (1 colher de sopa)
150g de arroz cozido (75g de arroz cru)
sal a gosto

Para o pot-pourri de legumes concassé:
25ml de azeite (2 1/2 colheres de sopa)
50g de couve-flor cozida cortada em cubos médios (1/4 de xícara)

Crustáceos | Aromas e Sabores da Boa Lembrança

50g de brócolis cozido cortado
em cubos médios (1/4 de
xícara)
50g de cenoura cozida cortada
em cubos médios (1/4 de
xícara)
50g de chuchu cozido cortado
em cubos médios (1/4 de
xícara)
sal e pimenta-do-reino a gosto

Para decorar:
salsa crespa e salsa lisa picada
1/2 tomate cereja

MONTAGEM:

1. Dispor dois semicírculos no centro do prato, um com o arroz de passas e o outro com o pot-pourri de legumes.

2. Colocar os camarões ao redor e, sobre eles, o molho resultante da cocção.

3. Decorar com salsa crespa e um pouco de salsa lisa picada e 1/2 tomate cereja.

VINHO: Um prato saboroso e perfumado como este exige um vinho macio, aromático e de teor alcoólico não muito elevado. As características combinam com um Vouvray seco do vale do Loire.

Camarão Grelhado com Risoto de Gorgonzola e Uva

ESCH CAFE CENTRO | Rio de Janeiro

PREPARO:

1. Cozinhar o arroz na água quente e reservar.
2. Picar as uvas, reservando 3 unidades que deverão ser cortadas ao meio.
3. Refogar metade do óleo e metade do alho.
4. Em fogo médio, acrescentar o creme de leite e o gorgonzola. Deixar derreter.
5. Juntar as uvas picadas e o arroz e deixar apurar por 3 minutos. Ajustar o sal.
6. Grelhar o camarão.
7. Dourar o alho restante no óleo e dispor sobre os camarões.

MONTAGEM:

Dispor o risoto no centro do prato, contornando com os camarões intercalados com as metades de uva.

VINHO: O Porto branco meio seco tem suficiente corpo para acompanhar a estrutura do prato, acidez para combater a gordura do gorgonzola e uma nota de doçura, que também vai bem com esse tipo de queijo.

160g de arroz arborio (1 xícara)
350ml de água (1 3/4 xícara)
400g de uva Itália verde pequena, sem caroço (40 unidades)
40ml de óleo (4 colheres de sopa)
40g de alho (8 dentes)
300g de creme de leite fresco (1 1/2 xícara)
160g de queijo gorgonzola (3/4 de xícara)
4g de sal (1 colher de café)
800g de camarão VG limpo, sem casca e eviscerado (14 unidades)

Utensílio necessário:
grelha

Camarões ao Molho Créole e Gâteau de Legumes

LA SAGRADA FAMILIA | Rio de Janeiro

Para o camarão empanado:
960g de camarão VG sem casca (16 unidades)
sal e pimenta-do-reino moída na hora a gosto
2 ovos batidos
farinha de trigo suficiente para empanar

Para o gâteau:
100g de cenoura (1 unidade grande)
200g de nabo (2 unidades médias)
200g de vagem (10 unidades)
sal a gosto
3 ovos inteiros
150ml de creme de leite fresco (3/4 de xícara)
10g de farinha de trigo (1 colher de sopa rasa)
pimenta-do-reino moída na hora a gosto
manteiga para untar

Para o remoulade:
150ml de azeite (3/4 de xícara)
50ml de suco de limão (1/4 de xícara)
20ml de vinagre (2 colheres de sopa)
50g de mostarda de Dijon ou créole (1/4 de xícara)
20ml de ketchup (2 colheres de sopa)

Preparo do camarão empanado:

1. Temperar os camarões com sal e pimenta.

2. Empaná-los da forma tradicional, com ovos e farinha de trigo.

Preparo do gâteau:

1. Descascar os legumes, picá-los em cubinhos e cozinhar em água e sal. O ponto de cozimento é al dente.

2. Bater os ovos e acrescentar o creme de leite e a farinha de trigo. Temperar com sal e pimenta.

3. Acrescentar os legumes cozidos e misturar bem.

4. Untar as forminhas de alumínio com manteiga. Deitar a mistura de legumes, os ovos batidos e assar no forno, em banho-maria*, por cerca de 15 minutos. Em seguida, levar ao gelo.

Preparo do remoulade:

1. Preparar o molho misturando bem todos os ingredientes. Levar à geladeira para refrescar.

MONTAGEM:

1. Deitar o gâteau gelado no centro do prato.
2. Colocar ao redor o remoulade.
3. Dispor os camarões empanados sobre o remoulade.
4. Decorar a gosto com couve-chinesa e radicchio.

VINHO: Produzido bem ao norte do vale do Rhône, no sul da França, o Condrieu é um branco muito original, de ótima acidez e elegantes aromas florais e frutados. Um exemplar jovem desse vinho de grande distinção é um ótimo contraponto para este prato rico e saboroso.

20g de raiz-forte (2 colheres de sopa)
130g de cebola picada (2/3 de xícara)
40g de aipo picado fininho (2/3 de xícara)
20g de cebolinha picada fininho (2 colheres de sopa)
20g de salsa picada fininho (2 colheres de sopa)
10g de páprica picante (2 colheres de chá)
10g de sal (2 colheres de chá)
1,25g de pimenta-do-reino preta moída na hora (1/4 de colher de chá)
0,75g de pimenta-caiena (1/8 de colher de chá)
5g de alho fatiado (1 dente)

Para decorar:
couve-chinesa e radicchio
à juliana temperados
com vinagrete de cassis

Utensílios necessários:
descascador de legumes,
forminhas de alumínio
para assar

Rendimento: 10 porções

Delícias do Mar

GALANI | Rio de Janeiro

250g de camarão **VG** descascado e limpo (5 unidades)
sal e pimenta-do-reino a gosto
160ml de azeite (16 colheres de sopa)
200ml de vinho branco (1 xícara)
240g de beterraba (2 1/2 unidades médias)
300g de lula limpa (3 unidades grandes)
250g de mexilhão limpo (25 unidades)
240g de abobrinha cortada em lâminas (1 1/2 unidade pequena)
60g de manteiga (2 colheres de sopa)
13g de alecrim (1/6 de maço)
16g de tomilho (1/5 de maço)
16g de sálvia (1/5 de maço)

Utensílio necessário:
liquidificador

Rendimento: 2 porções

PREPARO:

1. Temperar os camarões com sal e pimenta. Saltear* em 40ml de azeite.

2. Acrescentar o vinho e deixar ferver por 3 minutos em fogo brando.

3. Cozinhar a beterraba por 10 minutos e bater a metade no liquidificador com a água do seu cozimento. Reservar a outra metade da beterraba.

4. Juntar o suco de beterraba aos camarões e cozinhar por mais 2 minutos. Reservar.

5. Abrir a lula ao meio e temperar com sal e pimenta. Saltear em uma frigideira com 80ml de azeite até dourar. Reservar.

6. Temperar os mexilhões com sal e pimenta e saltear com o restante do azeite até inflar. Reservar.

7. Cozinhar as lâminas de abobrinhas por 2 minutos.

8. Cortar em lâminas a outra metade da beterraba.

9. Saltear a abobrinha e de beterraba.

10. Acrescentar os frutos do mar separados, contornando os legumes.

11. Levar ao fogo brando o molho que sobrou do camarão, acrescentar a manteiga e as ervas. Deixar reduzir por 3 minutos.
12. Regar os pratos com o molho e saborear.

Obs.: Os frutos do mar foram pesados sujos (brutos).

VINHO: Pode-se afirmar, sem muito exagero, que crustáceos e espumantes foram feitos um para o outro – especialmente se não houver nenhum molho cremoso que interfira no frescor do prato. Aqui, você pode confirmar esse princípio, escolhendo um espumante jovem e vivo.

Camarão ao Molho de Chocolate com Pimenta

LA CACERIA | Gramado

Para os camarões:
80ml de azeite (8 colheres de sopa)
800g de camarão VM com casca limpo (16 unidades)
50g de limão (1 unidade)
5ml de molho inglês (1 colher de sobremesa)

Para o purê:
1,2kg de moranga sem casca (1 unidade média)
sal a gosto
pimenta-do-reino preta moída na hora a gosto
400ml de caldo de carne (2 xícaras) (ver receita na p. 166)

Para o molho:
50g de chocolate em pó (5 colheres de sopa)
10g de pimenta-dedo-de-moça picada, sem a semente (1/2 unidade)
160ml de vinho branco seco (3/4 de xícara aproximadamente)

Utensílios necessários:
processador de alimentos, travessa redonda

Preparo dos camarões:

Numa frigideira, refogar no azeite os camarões temperados com limão e molho inglês por 1 minuto. Reservar.

Preparo do purê:

1. Cozinhar a moranga e passar no processador. Temperar com sal e pimenta.
2. Em seguida, acrescentar caldo de carne suficiente até dar o ponto. Reservar.

Preparo do molho:

1. Misturar o restante do caldo de carne com o chocolate em pó, a pimenta-dedo-de-moça e o vinho.
2. Deixar reduzir até ficar um molho cremoso. Reservar.

MONTAGEM:

1. Numa travessa redonda, colocar o purê de moranga no centro do prato.
2. Dispor os camarões em volta do purê e acrescentar o molho de chocolate com pimenta ao redor dos camarões.

VINHO: Maciez e doçura, temperadas com o delicado amarguinho do chocolate. Para uma combinação tão insólita, um vinho muito original: o Pineau de Charentes, nas versões branca ou rosé, sempre originário da região francesa de Cognac; o tinto doce Banyuls, do lado francês dos Pireneus, também é recomendável.

Risoto com Pitu

LA TAVOLA | Aracaju

Para o risoto:
80ml de azeite extravirgem
(4 xícaras)
50g de cebola picada (1 unidade média)
200g de arroz carnaroli pré-cozido (100g de arroz cru)
100ml de vinho branco seco (1/2 xícara)
1,2 litro de caldo de peixe (6 xícaras) (ver receita na p. 169)
80g de queijo parmesão ralado (8 colheres de sopa)
80g de manteiga sem sal gelada (3 colheres de sopa)
sal a gosto

Para o pitu:
600g de pitu limpo (20 unidades)
sal e pimenta-do-reino a gosto
160g de manteiga clarificada (3/4 de xícara) (ver receita na p. 173)

Utensílio necessário:
panela funda

Preparo do risoto:

1. Em uma panela funda, aquecer o azeite. Juntar a cebola até dourar.
2. Acrescentar o arroz, flambar* com vinho e adicionar o caldo de peixe. Cozinhar até reduzir.
3. Acrescentar o queijo parmesão, a manteiga e o sal.

Preparo do pitu:

1. Temperar o pitu com sal e pimenta.
2. Colocar a manteiga em uma frigideira até aquecer.
3. Juntar o pitu e deixar 1 minuto de cada lado.

MONTAGEM:

1. Montar o risoto no centro do prato.
2. Colocar o pitu em volta e regar com a manteiga.

VINHO: Um vinho delicado e aromático, mas não muito encorpado, é a indicação mais sensata aqui: o Sauvignon Blanc do Collio, ambientado na região do Friuli (nordeste da Itália), é bola na rede.

Moqueca aos Sabores de Pernambuco

OFICINA DO SABOR | Olinda

Preparo da moqueca:

1. Em uma moquequeira, misturar o suco de maracujá e o leite de coco. Deixar levantar fervura.
2. Juntar as postas de peixe e em seguida acrescentar azeite, a lagosta, o pimentão, a cebola, a manga, a banana, o coentro e a cebolinha.
3. Deixar até cozinhar o peixe e servir com arroz de castanha.

Preparo do arroz:

1. Numa panela, dourar um pouco de cebola no azeite e na manteiga.
2. Acrescentar o arroz apenas para esquentar um pouco. Por último, jogar as castanhas.

VINHO: Europa, Espanha e Olinda: parece um trio desafinado? Mas pode levar fé: eles ficarão em perfeita harmonia se o vinho escolhido aqui for um Albariño da Galícia, branco cheio de vida, com acidez marcante e agradáveis aromas cítricos.

Para a moqueca:
1,5 litro de suco concentrado de maracujá (7 1/2 xícaras)
2 litros de leite de coco (10 xícaras)
7 postas de pescada amarela temperadas a gosto com sal e pimenta-do-reino
20ml de azeite (2 colheres de sopa)
2,1kg de cauda de lagosta (pré-cozida e descascada) (7 unidades)
160g de pimentão verde cortado em rodelas (4 unidades)
400g de cebola cortada em rodelas (4 unidades grandes)
4 mangas descascadas e cortadas em fatias grossas
700g de banana comprida cortada ao meio (7 unidades)
1 maço de coentro picado
1 maço de cebolinha picada

Para o arroz:
30g de cebola picada (3 colheres de sopa)
1 fio de azeite
100g de manteiga (4 colheres de sopa)
500g de arroz pré-cozido (250g de arroz cru)
400g de castanha de caju triturada (2 xícaras)

Utensílio necessário:
moquequeira de barro

Camarão à Baiana

MISTURA FINA | Rio de Janeiro

Para o camarão:
25g de manteiga (1 colher de
    sopa)
10ml de azeite de dendê
    (1 colher de sopa)
320g de tomate sem pele e
    sem semente (4 unidades)
20g de pimentão vermelho
    (1/2 unidade)
50g de cebola (1 unidade)
15g de alho (3 dentes)
1 folha de louro
sal a gosto
40g de salsa (1/2 molho)
40g de cebolinha (1/2 molho)
40g de coentro (1/2 molho)
25g de limão (1/2 unidade)
1/2 xícara de chá de caldo
    de camarão
1kg de camarão VG limpo
    (40 unidades)
200g de amendoim picadinho
    (1 xícara)

Para o creme de arroz:
500ml de leite (2 1/2 xícaras)
200ml de leite de coco (1 xícara)
25g de manteiga (1 colher de
    sopa)
sal a gosto
30g de farinha de arroz
    (3 colheres de sopa)

Utensílios necessários:
grelha, forma

Preparo do camarão:

1. Picar bem os temperos e fazer um molho com todos os ingredientes exceto camarão e amendoim.
2. Grelhar o camarão, temperar com o molho e salpicar o amendoim.

Preparo do creme de arroz:

1. Misturar bem todos os ingredientes e levar ao fogo baixo até virar um mingau.
2. Despejar esse mingau em forma untada e levar para gelar. Desenformar e servir ainda gelado ou em temperatura ambiente.

VINHO: Os vinhos rosados estão voltando ao cartaz com toda força, também no Brasil. Um espumante rosé vai ficar muito bem com este prato: pode ser um produto brasileiro, um cava (Espanha) ou um champanhe – a escolha é sua.

Camarão com Musse de Pimentão e Alcachofras

PARADOR VALENCIA | Petrópolis

Preparo dos camarões:

1. Descascar e limpar os camarões, deixando as cascas do último gomo e a cauda.
2. Reservar o restante das cascas e as cabeças.
3. Secar os camarões e assá-los na chapa com pouco azeite. Reservar.

Preparo da musse de pimentão:

1. Assar os pimentões inteiros num tabuleiro, em forno médio. Abafar, deixar esfriar e retirar a pele, as sementes e as fibras brancas.
2. Cortar os pimentões em pedaços pequenos e passar no liquidificador, acrescentando os ovos, 4 colheres de sopa de azeite, a páprica, a pimenta e o sal.
3. Colocar a mistura em uma forma untada com 2 colheres de azeite, de forma que a massa fique nivelada.
4. Assar em banho-maria* por aproximadamente 45 minutos. Espetar um palito na massa; se sair seco, o cozimento estará concluído.

Para os camarões:
1kg de camarão VG (16 unidades)
azeite a gosto

Para a musse de pimentão:
1kg de pimentão vermelho
(4 unidades) bem limpo
2 ovos inteiros
60ml de azeite (6 colheres de sopa)
10g de páprica doce (1 colher de sopa)
2g de pimenta-do-reino branca moída (1 colher de café)
sal a gosto

Para as alcachofras:
200g de alcachofra (2 unidades)
50ml de azeite (5 colheres de sopa)

Para a farinha de camarões:
Cascas e cabeças descartados dos camarões
10g de páprica doce (1 colher de sopa)

UTENSÍLIOS NECESSÁRIOS:
chapa ou frigideira de fundo grosso, tabuleiro, liquidificador, forma de alumínio para assar pão, palito

DICA:
Usar azeite extravirgem, de preferência espanhol.

5. Retirar do fogo, deixar esfriar e levar à geladeira antes de desenformar.
6. Para desenformar, emborcar a forma com cuidado de modo que a musse fique inteira. Reservar.

Preparo das alcachofras:
1 Cozinhar as alcachofras em água e sal por 20 minutos em fogo baixo.
2. Uma vez cozidas, retirar as folhas mais tenras.
3. Fritá-las com bastante azeite até ficarem bem torradas e crocantes. Reservar.

Preparo da farinha de camarões:
1. Assar as cascas e cabeças dos camarões.
2. Triturá-las e depois peneirar, formando uma farinha.
3. Misturar a farinha com a páprica. Reservar.

MONTAGEM:
1. Dispor 4 camarões no centro de cada prato, entremeados com as folhas de alcachofra.
2. Num dos extremos do prato, colocar uma fatia de musse (de aproximadamente 100g).

VINHO: O xerez tem grande afinidade com os frutos do mar. O tipo "fino muy seco" (como vem escrito no rótulo), encorpado, suporta bem a presença das alcachofras.

Camarão ao Molho Pernod com Arroz com Cogumelos e Cebola

MOANA | Fortaleza

Preparo do camarão ao molho pernod:

1. Na frigideira, colocar a manteiga, os camarões, a échalote e refogar tudo por 1 minuto. Acrescentar o Pernod e flambar*.
2. Adicionar o shoyu, o caldo de peixe, o açúcar e o creme de leite. Cozinhar por 2 minutos e temperar com sal e pimenta.

Preparo do arroz:

1. Colocar numa frigideira o arroz, a manteiga e os cogumelos, puxando por 1 minuto.
2. Juntar o shoyu, o creme de leite, o sal e a pimenta e cozinhar por mais 1 minuto.

MONTAGEM:

1. Servir bem quente, num prato grande, colocando o arroz no centro e os camarões com o molho nas bordas.
2. Enfeitar com salsinha.

Para o camarão ao molho pernod:
100g de manteiga (4 colheres de sopa)
1,2kg de camarão cru, limpo e temperado com sal e pimenta-do-reino a gosto (20 unidades grandes)
40g de échalote picada (2 unidades)
80ml de Pernod Ricard (8 colheres de sopa)
20ml de shoyu* (2 colheres de sopa)
400ml de caldo de peixe (2 xícaras) (ver receita na p. 169)
20g de açúcar (2 colheres de sopa)
80ml de creme de leite fresco (8 colheres de sopa)
sal e pimenta-do-reino a gosto

Para o arroz:
200g de arroz branco cozido al dente (2/3 de xícara de arroz cru)
50g de manteiga (2 colheres de sopa)
40g de cogumelo boletus cozido, puxado na manteiga (2 unidades)
10ml de shoyu (1 colher de sopa)

20ml de creme de leite fresco
(2 colheres de sopa)
sal e pimenta-do-reino a gosto

Para decorar:
salsinha picada

Utensílios necessários:
frigideira antiaderente, prato grande

VINHO: Produzido na região da Umbria, o italiano Orvieto é um branco elegante e versátil, que na versão abboccato – isto é, delicadamente adocicado – vai fazer boa companhia a este prato.

Camarões em Véu de Presunto de Parma

POMODORO CAFÉ | Recife

PREPARO:

1. Enrolar cada camarão com uma fatia de presunto e temperar com pimenta e azeite.
2. Saltear* os camarões em uma frigideira quente com cuidado para não desenrolar as fatias de presunto.
3. Retirar da frigideira quando os camarões mudarem de cor e estiverem cozidos. Reservar a frigideira para usar a gordura do fundo.
4. Na mesma frigideira, acrescentar a manteiga e saltear os legumes. Começar pela cenoura, que deve ficar macia, depois o brócolis e, por último, o alho e a abobrinha. Corrigir o sal.
5. Em seguida, juntar o espaguete e 50ml de água do cozimento. Esperar ferver.
6. Enrolar com um garfo o espaguete com os legumes no centro dos pratos e arrumar os camarões ao redor.

1,4kg de camarão sem casca, porém com a cauda (24 unidades grandes)
240g de presunto cru tipo Parma (24 fatias finas)
pimenta-do-reino a gosto
azeite extravirgem a gosto
100g de manteiga (4 colheres de sopa)
200g de cenoura à juliana (2 unidades grandes)
200g de flores de brócolis (1 xícara)
50g de alho picado (1 dente)
200g de abobrinha à juliana (1 1/4 unidade média)
sal a gosto
500g de espaguete cozido al dente
50ml de água do cozimento do espaguete (5 colheres de sopa)

Rendimento: 6 porções

VINHO: Pense num rosado, que tem uma certa estrutura para combinar com o presunto e não entra em choque com a delicadeza dos legumes. As opções são as mais variadas, desde os vinhos tranquilos da Itália, França ou Espanha, até um bom espumante.

Sinfonia Marítima

POUSADA DO ZÉ MARIA | Fernando de Noronha

PREPARO:

1. Em uma panela de ferro, refogar os temperos no azeite de dendê.
2. Após o refogado, juntar todos os peixes e frutos do mar, acrescentando ao final o leite de coco, o sal e a pimenta.
3. Adicionar o molho de tomate e o shoyu. Cozinhar por mais 5 minutos. Servir quente na própria panela.

VINHO: Um Sancerre ou outro qualquer Sauvignon Blanc, com bastante frescor, vai se entender às mil maravilhas com esta sinfonia de aromas e sabores do mar.

50g de cebola picada (1 unidade média)
80g de tomate picado (1 unidade média)
30g de pimentão verde picado (3/4 de unidade pequena)
80g de cheiro-verde picado (1 maço)
5ml de azeite de dendê (1 colher de chá)
70g de lula cortada em anéis (2 unidades pequenas)
80g de peixe-prego
70g de polvo cozido (1 tentáculo)
90g de filé de camarão médio (4 unidades médias)
70g de camarão-rosa (1 unidade)
50g de mexilhão limpo (5 unidades)
50g de sururu (5 unidades)
85g de pernil de lagosta (1 cauda pequena)
65g de atum
150ml de leite de coco (3/4 de xícara)
4g de sal (1 colher de café)
pimenta-branca moída a gosto
150g de molho de tomate (3/4 de xícara)
15ml de shoyu* (1 1/2 colher de sopa)

Utensílio necessário:
panela de ferro

Lasanha de Cavaquinha

QUADRIFOGLIO | Rio de Janeiro

Para a cavaquinha:
300g a 400g de cavaquinha
    grande limpa (4 unidades)
sal e pimenta-do-reino a gosto
12 discos de massa para lasanha
    verde com 6cm de diâmetro
110ml de azeite (11 colheres
    de sopa)
200g de alho-poró cortado
    em rodelinhas finíssimas
    (5 unidades)
200g de cenoura cortada
    em cubinhos de 0,5cm
    (2 unidades grandes)
200g de aipo sem os fios,
    cortado igual (5 talos)
150ml de vinho branco seco
    (3/4 de xícara)
200g de abobrinha com casca e
    sem semente, cortada igual
    (1 1/4 unidade média)
40g de erva-cidreira picada
    (1/2 xícara)
200g de cogumelo-de-paris
    (cortado em lâminas finas
    sem os talos) (1 xícara)
5g de alho inteiro (1 dente)
50g de queijo parmesão de boa
    qualidade ralado (5 colheres
    de sopa)
50g de farinha de rosca
    (2 colheres de sopa)

Para o creme:
250ml de creme de leite fresco
    (1 1/4 xícara)

Preparo da cavaquinha:

1. Grelhar as cavaquinhas inteiras, temperadas com sal e pimenta. Reservar.

2. Depois de frias, cortá-las em fatias finas de 0,5cm de espessura.

3. Cozinhar os discos de massa em bastante água com sal al dente. Escorrer e estender sobre um guardanapo limpo. Reservar.

4. Numa panela, colocar 100ml de azeite e o alho-poró. Em fogo médio, mexer até ficar bem transparente.

5. Acrescentar a cenoura e o aipo.

6. Juntar o vinho e cozinhar rapidamente. Juntar a abobrinha. Misturar e retirar do fogo com os vegetais al dente.

7. Juntar a erva-cidreira. Reservar.

8. Em uma frigideira, refogar o cogumelo com o alho no azeite restante. Retirar o alho ao final.

Preparo do creme:

1. Misturar em fogo médio o creme de leite e o cream cheese. Deixar ferver por 2 minutos, mexendo sempre, e retirar do fogo.

2. Juntar o parmesão.

146 | Aromas e Sabores da Boa Lembrança | **Crustáceos**

MONTAGEM:

1. Num prato refratário, montar as lasanhas do seguinte modo: untar o fundo com um pouquinho de azeite; colocar um disco de massa, sobre ele o cogumelo e os vegetais e cobrir com um pouco do creme branco; colocar outro disco de massa, sobre este a cavaquinha em fatias e os vegetais; sobre eles o creme branco e cobrir com outro disco. Pincelar o último disco com o creme branco, o queijo parmesão e a farinha de rosca. Repetir o procedimento para mais três lasanhas individuais.

2. Levar ao forno médio para esquentar e depois deixar gratinar* o restante do queijo parmesão misturado com a farinha de rosca.

3. Servir bem quente.

VINHO: Saindo de Nápoles para o interior da Campania, o viajante vai se surpreender ao encontrar, em uma região dominada por vinhos tintos muito encorpados, um branco delicado e aromático, de rara distinção: o Fiano di Avellino, ótimo parceiro para este prato rico e untuoso.

100g de cream cheese
(4 colheres de sopa cheias)
50g de queijo parmesão de boa
qualidade ralado (5 colheres
de sopa)

Utensílios necessários:
grelha, frigideira, prato
refratário tipo pirex

Savarin de Arroz ao Curry e Champanhe

RISTORANTE BOLOGNA | Curitiba

1,2kg de camarão VM com casca (24 unidades)
1 litro de caldo de legumes (5 xícaras) (ver receita na p. 168)
80g de ervilha (1/2 xícara)
sal a gosto
1 maçã verde, sem casca, cortada em cubinhos
suco de 1/2 limão
100g de cebola (2 unidades médias)
50g de manteiga sem sal (3 colheres de sopa)
200g de arroz vialone (1 1/4 xícara)
250ml de champanhe (1 1/4 xícara)
5g de curry em pó (1 colher de sobremesa)
50g de nozes sem casca picadas (10 unidades)
60ml de azeite extravirgem (6 colheres de sopa)
pimenta-do-reino a gosto

Utensílios necessários:
peneira, forminhas individuais

PREPARO:

1. Limpar os camarões e reservá-los com as suas cascas e cabeças. Levá-los à panela com caldo de legumes e deixar ferver por mais de meia hora. Peneirar. Reservar o caldo.

2. Cozinhar as ervilhas al dente em água com sal e escorrer.

3. Cobrir a maçã com o suco do limão para não escurecer.

4. Numa frigideira, fritar a cebola em 30g de manteiga. Juntar o arroz, deixar secar e despejar 1 xícara de champanhe. Deixar evaporar. Cobrir com o caldo reservado e deixar cozinhar juntando o líquido, sempre que for necessário, por 10 minutos.

5. Acrescentar o curry (2 colherinhas de café rasas), metade da maçã e metade das ervilhas. Levar a completar a fervura por mais 5 minutos.

6. Retirar do fogo, adicionar o restante da manteiga, mexer bem e distribuir o arroz em forminhas individuais. Levá-las ao forno médio em banho-maria* por 15 minutos.

7. Por último, numa frigideira, refogar os camarões, as nozes, as ervilhas restantes e os cubinhos de maçã em fogo alto por alguns minutos com 1 colher de sopa de azeite.

8. Acrescentar o sal e a pimenta, o restante do curry, de champanhe e, se necessário, um pouco do caldo.

9. Desenformar os savarins de arroz e servi-los com o seu molho e os camarões.

VINHO: Um champanhe safrado (millesimé), que equilibra com perfeição acidez, bom corpo, aromas de grande nobreza e uma certa untuosidade, é uma indicação muito adequada para este elegante prato.

Camarão Redondo

RANCHO INN | Rio de Janeiro

10ml de azeite (1 colher
de sopa)
suco de limão a gosto
sementes de coentro a gosto
10g de ervas finas frescas
picadas (tomilho, coentro,
alecrim, manjericão)
(1 colher de sopa)
sal e pimenta-do-reino a gosto
240g de camarão VG descascado
e limpo (4 unidades)
100g de shiitake (2 unidades
grandes)
150g de palmito pupunha fresco
(4 unidades médias)
25ml de redução de balsâmico,
para decorar (2 1/2
colheres de sopa)

Utensílio necessário:
grelha

Rendimento: 1 porção

PREPARO:

1. Misturar o azeite com o suco de limão, as sementes de coentro e as ervas. Temperar com sal e pimenta a gosto.

2. Grelhar o camarão, o shiitake e o palmito.

MONTAGEM:

1. No prato, colocar o shiitake por baixo, os camarões por cima e apoiar os palmitos.

2. Regar com o azeite de ervas.

3. Decorar com a redução de balsâmico em volta.

VINHO: Tudo o que este prato precisa é de um vinho alegre e jovial, que realce o frescor dos ingredientes utilizados. Pode apostar suas fichas no Muscadet de Sèvre--et-Maine, branco seco, de acidez alta, nascido na parte da Bretanha onde o rio Loire despeja suas águas no Atlântico.

Lagostim Redondo

QUINA DO FUTURO | Recife

Preparo do lagostim:

1. Cozinhar os lagostins na água e sal por aproximadamente 25 minutos.
2. Após o cozimento, deixar esfriar em temperatura ambiente.
3. Com o auxílio de uma tesoura culinária, retirar a carne da cauda do lagostim, de modo que fique inteira. Reservar.
4. Ainda com o auxílio da tesoura culinária, retirar a carne da cabeça do lagostim e reservar sua casca para decoração. Reservar, também, para decoração, as 3 maiores patas de cada lagostim.
5. Excetuando a carne da cauda, desfiar todo o restante e reservar.
6. Fatiar a carne da cauda em medalhões de 0,5cm. Levá-los ao fogo médio em uma panela com a manteiga, a pimenta e o Ajinomoto e refogá-los rapidamente. Reservar 4 medalhões e separar o restante para decorar.

Preparo do shoyu reduzido:

1. Colocar o shoyu, o açúcar, o hondashi e o Ajinomoto em uma panela pequena.

Para o lagostim:
800g de lagostim fresco limpo
   (4 unidades)
2g de sal (1 colher de café)
1,8 litro de água
100g de manteiga sem sal
   (4 colheres de sopa)
2g de pimenta-do-reino
   (1 colher de café)
1g de Ajinomoto (1/2 colher
   de café)

Para o shoyu reduzido:
90ml de shoyu (9 colheres
   de sopa)
8g de açúcar cristal (4 colheres
   de café)
4g de hondashi* (1 colher
   de café)
1g de Ajinomoto (1/4 de colher
   de café)

Para o camarão:
320g de camarão médio sem
   casca (20 unidades)
2g de sal (1 colher de café)
70ml de saquê (7 colheres
   de sopa)
100g de manteiga (4 colheres
   de sopa)
50ml de shoyu (5 colheres
   de sopa)
2g de pimenta-do-reino
   (1 colher de café)
10g de cebolinha picada
   (1 colher de sopa)

Para o arroz:
320g de arroz japonês cru
  (4 xícaras)
700ml de água (3 ½ xícaras)
2g de curry (1 colher de café)
4g de sal (2 colheres de café)
70ml de saquê (7 colheres
  de sopa)

Para o nirá:
50g de nirá (1/2 maço)
50g de manteiga (2 colheres
  de sopa)
1g de açúcar cristal (1/2 colher
  de café)
50ml de shoyu (5 colheres
  de sopa)

UTENSÍLIOS NECESSÁRIOS:
tesoura culinária, panela funda
pequena, 2 frigideiras médias,
panela funda com tampa,
6 potes pequenos para separar
os ingredientes, forma vazada
de 10cm de diâmetro, 4 pratos
brancos

Misturar bem e levar ao fogo brando por 10 minutos, sempre mexendo, ou até engrossar.

2. Passar para outro recipiente e deixar esfriar em temperatura ambiente. Reservar.

Preparo do camarão:

1. Cortar os camarões ao meio, dividindo-os em 2 bandas. Temperar com sal e saquê.

2. Em uma frigideira média, flambar os camarões em fogo alto, acrescentando a manteiga, o shoyu, a pimenta e, quando estiverem bem flambados, adicionar a cebolinha. Reservar.

Preparo do arroz:

1. Colocar em uma panela funda o arroz, a água, o curry, o sal, a carne de lagostim desfiada e o saquê.

2. Cozinhar em fogo médio por aproximadamente 25 minutos com a panela bem fechada. Apagar o fogo e deixar a panela tampada por mais 10 minutos. Reservar.

Preparo do nirá:

Refogar rapidamente o nirá com a manteiga, o açúcar e o shoyu. Reservar.

MONTAGEM:

1. Em uma forma vazada, colocar o arroz de lagostim de modo a fazer uma base firme de 2cm de altura. Serão necessárias 8 bases.
2. Desenformar a base no centro de um prato branco e colocar 4 medalhões por cima do arroz, acompanhando a circunferência.
3. Cobrir os medalhões de lagostim com outra base de arroz. Enfeitar o topo da base com o nirá refogado.
4. Acomodar a cabeça do lagostim na frente do arroz e dispor 3 patas de cada lado.
5. No lado oposto ao da cabeça, colocar os medalhões do final da cauda, formando o desenho de um lagostim.
6. Na lateral do prato, dispor 5 camarões flambados de cada lado. Decorar o prato com o shoyu reduzido.

VINHO: Aqui, precisamos de um vinho aromático, de acidez viva, médio corpo e muito macio. Onde encontrar esse harmonioso conjunto? No Savennières, branco do vale do Loire, elaborado com a variedade Chenin Blanc.

Salada Verde com Maçã Flambada e Camarão da Lagoa

TAVERNA DEL NONNO | Gramado

50g de manteiga clarificada
(5 colheres de sopa)
(ver receita na p. 173)
15g de açúcar refinado (1 1/2 colher de sopa)
80g de maçã Fuji descascada e cortada em rodelas finas (1 unidade)
20ml de licor de frutas (2 colheres de sopa)
1 pitada de canela em pó
200g de camarão da lagoa limpo (2 unidades médias)
sal e pimenta-do-reino a gosto
folhas verdes variadas (alface americana, rúcula, agrião roxo e radicchio)
30ml de azeite de pepita de uva (3 colheres de sopa)
30ml de vinagre de cidra (3 colheres de sopa)

Utensílios necessários:
2 frigideiras, travessa grande

Dica:
Procure servir a maçã e os camarões mornos; nunca muito quentes ou frios.

PREPARO:

1. Em uma frigideira, colocar metade da manteiga, o açúcar, a maçã e o licor. Cozinhar em fogo baixo por aproximadamente 5 minutos ou até que a maçã comece a amolecer.
2. Acrescentar a canela e deixar descansar.
3. Temperar o camarão com sal e pimenta.
4. Em outra frigideira, adicionar o restante da manteiga e o camarão. Deixar em fogo alto por aproximadamente 4 minutos ou até rosar.

MONTAGEM:

1. Em uma travessa grande, dispor as folhas verdes, acrescentar a maçã – já flambada* – e os camarões.
2. Temperar com o azeite de uva e o vinagre de cidra.

VINHO: A acidez da maçã e o ligeiro amargor das folhas verdes são o obstáculo que temos de superar neste prato intrigante. A solução é procurar um vinho que reúna maciez e muitos aromas: quem sabe um Muscat d'Alsace?

Lagostins ao Molho de Tamarindo Oriental

SUSHI KIN | São Paulo

Preparo dos lagostins:

1. Escaldar os lagostins em uma panela com água fervente por alguns minutos.
2. Dourar a cebola no azeite e acrescentar os lagostins. Temperar com sal.
3. Flambar com saquê*, salpicar cebolinha e reservar.

Preparo do molho:

1. Dourar o alho-poró no azeite até ficar transparente.
2. Bater no liquidificador o alho-poró, a polpa de tamarindo, o kani-kama, o vinho e o shoyu.
3. Coar a mistura e levá-la ao fogo, acrescentando o caldo de frango e o creme de leite. Deixar ferver, desligar o fogo, adicionar a manteiga e misturar bem.

Preparo do palmito:

1. Cortar metade dos palmitos em fatias finas, tipo palito ou à juliana.
2. Refogar no azeite, temperar a gosto e reservar.

Para os lagostins:
500g de lagostim (10 unidades)
50g de cebola picada (1 unidade média)
80ml de azeite (8 colheres de sopa)
sal a gosto
50ml de saquê* (5 colheres de sopa)
cebolinha a gosto

Para o molho:
100g de alho-poró picado (2 ½ talos)
40ml de azeite (4 colheres de sopa)
200g de polpa de tamarindo (1 xícara)
200g de kani-kama (10 unidades)
50ml de vinho branco (5 colheres de sopa)
40ml de shoyu* (4 colheres de sopa)
220ml de caldo de frango (aproximadamente 1 xícara) (ver receita na p. 167)
50g de creme de leite fresco (1/4 de xícara)
80g de manteiga (3 colheres de sopa)

Para o palmito:
400g de palmito pupunha (10 unidades médias)

40ml de azeite (4 colheres de sopa)
sal e pimenta a gosto

UTENSÍLIOS NECESSÁRIOS:
liquidificador, coador, chapa

3. Fatiar o restante dos palmitos em lâminas finas e assar na chapa com um pouco de azeite.

MONTAGEM:

1. Dispor os lagostins no centro do prato. Ao lado, arrumar os palmitos.
2. Regar com molho e azeite.

VINHO: Este prato precisa de um vinho aromático e de boa acidez: um espanhol feito com a variedade Verdejo, da região da Rueda, província de Valldolid, vai realçar a preparação.

Lagostins com Capim-Limão e Curry de Abacaxi

SAWASDEE | Búzios

Preparo da marinada:
Misturar todos os ingredientes e reservar.

Preparo do curry de abacaxi:
1. Em uma panela, juntar todos os ingredientes, com exceção da grenadine. Ferver em fogo médio até reduzir à metade.
2. Retirar do fogo, adicionar a grenadine e passar por um coador. Reservar.

Preparo dos lagostins:
1. Em um tabuleiro, dispor os lagostins com a abertura virada para cima.
2. Regar com a marinada e levar à geladeira por 30 minutos.
3. Colocar o tabuleiro com os lagostins no forno preaquecido a 250ºC. Se desejar, regar com o azeite.
4. Assim que os lagostins mudarem de cor, retirá-los do fogo, quase malpassados.

MONTAGEM:
1. Colocar o curry no fundo do prato e, em seguida, a rúcula.

Para a marinada:
100ml de nampla* (1/2 xícara)
50g de açúcar mascavo (5 colheres de sopa)
50ml de mirin* (5 colheres de sopa)
50ml de shoyu (5 colheres de sopa)
50ml de suco de limão (5 colheres de sopa)
50g de talo de capim-limão picado (5 talos)
20g de folhas de limão kaffir* fatiadas
15g de alho picado (3 dentes)

Para o curry de abacaxi:
500ml de suco de abacaxi (2 ½ xícaras)
15g de curry vermelho (3 colheres de chá)
100ml de nampla (1/2 xícaras)
10g de pimenta-de-sichuan (2 colheres de sopa)
150g de açúcar (3/4 de xícara)
20ml de grenadine (xarope de romã) (2 colheres de sopa)

Para os lagostins:
6 lagostins sem cabeça e limpos, cortados ao meio no sentido longitudinal
Azeite extravirgem (opcional)

Para decorar:
50g de rúcula finamente fatiada (1/2 maço)
40g de alho-poró cortado em tiras e frito (1 talo pequeno)

UTENSÍLIOS NECESSÁRIOS:
tabuleiro, coador fino

2. Por cima, arrumar os lagostins em camadas e salpicar o alho-poró.

VINHO: O exotismo, a delicadeza e os sabores expressivos da cozinha tailandesa encontram correspondência na grande maciez e na riqueza de aromas do Gewürztraminer. Prefira sempre aqueles produzidos na Alsácia, que têm um perfil mais adequado para pratos deste gênero.

Lagostim ao Ouro de Abelha

TERRAÇO ITÁLIA | São Paulo

PREPARO:

1. Numa frigideira, esquentar o óleo e colocar um pouco de sal. Refogar rapidamente as rodelas de alho-poró, que devem murchar sem mudar de cor. Reservar num prato grande.

2. Salgar e apimentar ligeiramente os lagostins e fritá-los na mesma frigideira, cerca de 2 minutos de cada lado. É preferível fritar em várias etapas para não esfriar demais o óleo.

3. Juntar os lagostins ao prato de alho-poró à medida que forem sendo fritos. Quando terminar, cobrir o prato com papel-alumínio para mantê-lo quente.

4. Descartar o óleo da frigideira e colocar nela o caldo de peixe, o creme de leite e o mel. Mexer com uma colher de pau e deixar reduzir por cerca de 10 minutos, em fogo baixo. Verificar o tempero.

5. Adicionar os lagostins e o alho-poró e deixar no fogo por cerca de 20 segundos, para esquentar e pegar um pouco de gosto. Verificar o tempero e servir.

30ml de óleo de milho (3 colheres de sopa)
sal a gosto
80g de alho-poró cortado em rodelas de 1cm de espessura (só as partes claras e tenras) (2 unidades)
pimenta-do-reino a gosto
24 lagostins descascados e limpos (6 por pessoa)
400ml de caldo de peixe (2 xícaras) (ver receita na p. 169)
100ml de creme de leite (1/2 xícara)
10ml de mel (1 colher de sopa)

Utensílios necessários:
frigideira, prato grande, papel-alumínio, colher de pau

Dica: Sirva com flã de cenoura.

VINHO: A tendência doce do prato e a untuosidade representada pelo creme de leite apontam para um vinho muito macio, aromático e também puxado para o adocicado. O Vouvray moelleux, branco do Loire feito com a variedade Chenin Blanc, cabe perfeitamente nesse figurino.

Escondidinho de Camarão

VILA BUENO | Jaguariúna

PREPARO:

1. Misturar o leite, a maisena, a gema, a manteiga e o sal. Levar ao fogo brando e cozinhar, mexendo sempre, até obter um creme. Reservar.
2. Bater no liquidificador o cheiro-verde, o tomate e a cebola.
3. Juntar a pimenta e a massa de tomate. Reservar.
4. Colocar o azeite na panela e esperar esquentar um pouco. Refogar os ingredientes batidos no liquidificador. Deixar esfriar um pouco e misturar com o creme.
5. Juntar os camarões ao creme.
6. Por último, acrescentar o queijo parmesão.

VINHO: Com suas delicadas notas frutadas e florais em elegante equilíbrio, o Soave italiano é aromático e, com certeza, vai ficar perfeito com este prato.

250ml de leite (1 1/4 xícara)
50g de maisena (5 colheres de sopa)
1 gema
50g de manteiga (2 colheres de sopa)
sal a gosto
cheiro-verde a gosto
160g de tomate sem pele e sem semente (2 unidades)
50g de cebola picada (1 unidade média)
pimenta-do-reino a gosto
50g de massa de tomate (1/4 de xícara)
azeite para refogar
250g de camarão cozido e bem picadinho (10 unidades médias)
100g de queijo parmesão ralado (10 colheres de sopa)

Utensílio necessário:
liquidificador

Dica:
Essa receita serve como patê, que pode ser servido como entrada recheando folhas de alface pequenas – fica muito gostoso!

Camarão Crocante

VARIG | Rio de Janeiro

Para o chutney:
200ml de vinagre branco
(1 xícara)
200g de abacaxi fresco
descascado e picado
(1 xícara)
80g de açúcar refinado
(8 colheres de sopa)
1 pimenta-malagueta picada
30g de mostarda de Dijon em
grãos (3 colheres de sopa)
40g de uva-passa branca
sem caroço (1/3 de xícara)
10g de alho moído (2 dentes)
200g de tomate sem pele e sem
semente cortado em
cubinhos (2 unidades
grandes)
4 triângulos (15cm x 15cm) de
folha de bananeira para decorar

Para o camarão:
200g de pão de forma (4 fatias)
30g de alho picado (6 dentes)
720g de camarão VG limpo
(12 unidades)
sal a gosto
3 claras
20g de colorau em pó
(2 colheres de sopa)
farinha de trigo suficiente para
empanar
1,5 litro de óleo de milho
para fritar

Preparo do chutney:

1. Ferver o vinagre e juntar o abacaxi. Cozinhar por 5 minutos.

2. Adicionar o açúcar, a pimenta-malagueta, a mostarda, a uva-passa, o alho e o tomate. Cozinhar durante 10 minutos ou até adquirir consistência de geleia. Reservar.

Preparo do camarão:

1. Retirar a casca do pão de forma e ralar o miolo no ralador de legumes. Acrescentar o alho e misturar bem. Reservar.

2. Cortar as costas dos camarões e limpá-los. Temperar com sal.

3. Bater as claras em neve, adicionar colorau e sal. Misturar os flocos de pão.

4. Em uma frigideira, aquecer o óleo a 180°C.

5. Passar os camarões na farinha e na mistura de clara e pão.

6. Levar os camarões à frigideira, fritando cada lado por 2 minutos. Reservar.

MONTAGEM:

1. Entrelace os camarões no prato.

2. A folha de bananeira deve estar em formato de cone e recheada com o chutney morno. Posicione o cone verticalmente no centro dos camarões.

Utensílio necessário: rolador de legumes

VINHO: O prato tem muita personalidade e, se não for acompanhado de um vinho igualmente poderoso, vai tomar conta da cena. Pense em um Chablis Premier Cru, em um borgonha de categoria, em um branco australiano ou neozelandês, mas sempre Chardonnay.

Camarão à Moda Viradas

VIRADAS DO LARGO | Tiradentes

1kg de camarão VG descascado e limpo (16 unidaddes)
sal a gosto
suco de limão a gosto
200g de batata-baroa descascada e cortada em rodelas grossas (1 unidade grande)
100ml de creme de leite fresco (1/2 xícara)
200g de aspargo fresco (16 unidades)
manteiga suficiente para fritar

Utensílio necessário:
espremedor

PREPARO:

1. Temperar os camarões com sal e limão. Reservar.

2. Cozinhar a batata-baroa, amassar ou passar no espremedor.

3. Fazer um purê de batata-baroa, adicionando o creme de leite e um pouco de sal. Reservar.

4. Ferver os aspargos por mais ou menos 10 minutos. Escorrer e fritar levemente na manteiga.

5. Numa frigideira, esquentar a manteiga e fritar os camarões por no máximo 5 minutos.

MONTAGEM:

Num prato, colocar o purê; em volta, arrumar os camarões; e de um dos lados, dispor os aspargos. Se desejar, servir com arroz branco.

VINHO: Sauvignon Blanc costuma acompanhar bem aspargos. Se for um Sancerre, do vale do Loire, melhor ainda, porque a acidez e os delicados aromas também vão se entender com o camarão.

Receitas Básicas

Caldo de carne

3,5kg de osso de boi
4 litros de água
400g de cebola picada
(4 unidades grandes)
250g de cenoura picada
(2 1/2 unidades grandes)
250g de aipo picado (6 unidades)
50g de salsa (aproximadamente
1/2 maço)
40g de tomilho
(aproximadamente 1/2 maço)
2 folhas de louro
4g de pimenta-do-reino em grãos
(aproximadamente 1 colher
de chá)
100g de alho (20 dentes)

Utensílios necessários:
concha, peneira

Rendimento: 3 litros

PREPARO:

Lavar bem os ossos, colocar numa panela, cobrir com a água e levar ao fogo. Deixar ferver, diminuir a chama e cozinhar por 6 horas. Retirar as impurezas com a concha. Adicionar os demais ingredientes e cozinhar por mais 1 hora. Peneirar o caldo antes de usar.

Caldo de frango

PREPARO:

Lavar bem as carcaças, colocar numa panela, cobrir com água e levar ao fogo. Deixar ferver, diminuir a chama e cozinhar por 4 horas. Retirar as impurezas com a concha. Adicionar os demais ingredientes e cozinhar por mais 1 hora. Peneirar o caldo antes de usar.

3,5kg de carcaça de frango
5 1/2 litros de água
400g de cebola picada
(4 unidades grandes)
250g de cenoura picada
(2 1/2 unidades médias)
250g de aipo picado (6 unidades grandes)
50g de salsa (aproximadamente 1/2 maço)
40g de tomilho (1/2 maço)
2 folhas de louro
4g de pimenta-do-reino em grãos (aproximadamente 1 colher de chá)
100g de alho (20 dentes)

Utensílios necessários:
concha, peneira

Rendimento: 3 litros

Caldo de legumes

100ml de óleo (1/2 xícara)
400g de cebola (4 unidades
     médias)
100g de alho (20 dentes)
300g de alho-poró
     (aproximadamente
     7 unidades)
150g de aipo (aproximadamente
     4 unidades)
150g de cenoura (1 1/2 unidade
     grande)
150g de funcho (1 1/2 unidade)
4 litros de água
50g de salsa (galhos)
     (5 colheres de sopa)
40g de tomilho (galhos)
     (4 colheres de sopa)
2 folhas de louro
4g de pimenta-do-reino em
     grãos (aproximadamente
     1 colher de chá)
0,5g de cravo (1 unidade)
0,5g de semente de funcho
     (5 unidades)

Rendimento: 3 litros

PREPARO:

Esquentar uma panela com o óleo e refogar os legumes sem deixar pegar cor. Adicionar a água e os temperos. Deixar ferver, abaixar o fogo e cozinhar lentamente por 1 hora.

Caldo de peixe

PREPARO:

Lavar bem as carcaças de peixe. Numa panela, misturar todos os ingredientes. Deixar ferver, abaixar o fogo e cozinhar por 40 minutos, retirando as impurezas com uma concha. Peneirar o caldo.

5kg de carcaça de peixe
4,5 litros de água
350g de cebola (3 1/2 unidades grandes)
250g de alho-poró (aproximadamente 6 unidades)
250g de aipo (aproximadamente 6 unidades)
100g de funcho (aproximadamente 1 unidade)
100g de talos de cogumelos
50g de salsa (galhos) (5 colheres de sopa)
40g de tomilho (galhos) (4 colheres de sopa)
2 folhas de louro
4g de pimenta-do-reino em grãos (aproximadamente 1 colher de chá)
100g de alho (20 dentes)

Utensílios necessários:
concha, peneira

Rendimento: 3 litros

Molho branco

500ml de leite (2 1/2 xícaras)
60g de manteiga
(aproximadamente
2 colheres de sopa)
60g de farinha de trigo
(aproximadamente
1/2 xícara)
3g de noz-moscada ralada
(aproximadamente 1 colher
de chá)
10g de sal (2 colheres de chá)
5g de pimenta-branca moída
(1 colher de sopa)

Utensílio necessário:
liquidificador

Rendimento: 450ml

PREPARO:

1. Aquecer o leite em fogo baixo.

2. Derreter a manteiga e adicionar a farinha mexendo sem parar. Acrescentar o leite morno e mexer até engrossar. Temperar com a noz-moscada, o sal e a pimenta.

Molho de tomate

PREPARO:

1. Em uma panela, juntar o bacon, a manteiga e o alho e deixar dourar. Adicionar a cebola, o aipo e a cenoura e mexer até começar a ficar macio. Acrescentar o trigo e mexer até ficar ligeiramente dourado.

2. Juntar o caldo de carne (mexendo bem para não embolotar) e acrescentar os tomates batidos no liquidificador. Deixar ferver até reduzir e engrossar. Adicionar as ervas e o açúcar. Corrigir o sal e deixar ferver até a consistência desejada.

50g de bacon cortado bem fininho (1/4 de xícara)
20g de manteiga ou margarina (1 colher de sopa)
10g de alho picado (2 dentes)
15g de cebola picada (2 colheres de sopa)
15g de aipo picado (2 colheres de sopa)
15g de cenoura picada ou ralada (2 colheres de sopa)
10g de farinha de trigo (1 colher de sopa)
150ml de caldo de carne (3/4 de xícara)
1kg de tomate fresco sem pele e sem semente (10 unidades grandes)
1 folha de louro rasgada
30g de manjericão picado (3 colheres de sopa)
10g de tomilho picado (1 colher de sopa)
10g de açúcar (1 colher de sopa)
sal a gosto

Utensílio necessário: liquidificador

Rendimento: 650ml

Vinagrete tradicional

30ml de vinagre de maçã
    (3 colheres de sopa)
40ml de óleo de canola
    (4 colheres de sopa)
40ml de azeite extravirgem
    (4 colheres de sopa)
sal e pimenta-do-reino a gosto

Utensílio necessário:
liquidificador

Rendimento: 90ml

PREPARO:

Bater todos os ingredientes no liquidificador.

Manteiga clarificada

PREPARO:

Numa panela, derreter a manteiga em fogo baixo. Deixar descansar por 20 minutos e, com a escumadeira, retirar delicadamente a caseína (película de cima) separando, com uma concha, a manteiga do soro.

300g de manteiga (12 colheres de sopa)

Utensílios necessários: escumadeira, concha

GLOSSÁRIO

Aneto – Da família das umbelíferas, à qual pertencem o coentro, o cominho e a erva-doce. Semelhante ao funcho. Pode ser adquirido em grão ou em folhas. Mesmo que endro ou dill.

Banho-maria – Aquecer ou cozinhar lentamente um alimento colocando o recipiente em que este se encontra dentro de outro com água e levando-o ao fogo ou forno.

Bouquet garni – Amarrado de ervas aromáticas (por exemplo, louro, salsa, tomilho) utilizado no preparo de caldos ou carnes.

Chinois – Espécie de funil ou tela de inox, de furos bem pequenos, utilizado em cozinha profissional para coar molhos e caldos, entre outros preparados líquidos.

Ciboulette – Também conhecido como cebolinha francesa. Assemelha-se à cebolinha, mas com ramos mais finos.

Dill – Ver aneto.

Endro – Ver aneto.

Flambar – Derramar determinada quantidade de bebida alcoólica sobre um alimento que está sendo preparado e atear-lhe fogo, mantendo as chamas por alguns instantes.

Gratinar – Cobrir o prato com queijo ralado e farinha de rosca, levando-o ao forno até que se forme uma crosta dourada.

Hondashi – Concentrado de peixe, encontrado em lojas de produtos orientais.

Juliana – Modo de preparar os legumes cortando-os em tirinhas.

Limão kaffir – Tipo de limão nativo do sudeste asiático.

Marinar – Deixar um alimento, em geral, carnes, aves ou peixes, de molho em marinada (vinha-d'alhos) para que fique mais macio e impregnado pelo molho. A marinada é um preparado de azeite, vinagre ou suco de limão, com sal ou vinho, ao qual se acrescentam vários temperos, como cebola, alho, louro e salsa.

Mascarpone – Queijo cremoso italiano.

Mirin – Vinho de arroz, bastante adocicado.

Murchar – Refogar o alimento até que ele perca um pouco do próprio líquido e fique com a aparência murcha.

Nampla – Molho de peixe fermentado, encontrado em lojas de produtos orientais.

Royal – Emulsão de ovos e creme.

Salamandra – Tipo de estufa com a fonte de calor na parte superior interna.

Saltear – Método de cozimento rápido, em que se faz uma breve fritura com o utensílio em movimento, de forma que o alimento não fique permanentemente em contato com o fundo da panela.

Saquê – Bebida fermentada à base de arroz.

Shoyu – Molho de soja, feito com feijão de soja e sal.

Snoobar – Pinhõezinhos árabes.

Tomate concassé – Tomate sem pele, sem semente e picado em cubinhos.

ÍNDICE REMISSIVO DE RESTAURANTES

A Favorita   50
Akuaba   106
Alice   105
Amadeus   107
Arábia   52
Banana da Terra   54
Beijupirá   56
Bistrô D'Acampora
   109
Borsalino   57
Boulevard   76
Calamares   59
Cantaloup   113
Cantina Italiana   119
Carême Bistrô   111
Casa da Suíça   116
Chez George   115
Cielo   118
Dartagnan   123
Divina Gula   61
Dom Giuseppe   63
Dona Derna   125
Empório Ravioli   121
Emporium Pax
   Botafogo   102
Esch Cafe Centro
   129

Esch Cafe Leblon
   127
Fogo Caipira   65
Galani   132
Giuseppe   124
Gosto com Gosto   69
Kojima   67
La Caceria   134
Lá em Casa   71
La Sagrada Familia
   130
La Tavola   136
La Victoria   73
Locanda della
   Mimosa   74
Ludwig   78
Marcel Brooklin   81
Marcel (Fortaleza)
   80
Marcel Jardins   84
Margutta   103
Mistura Fina   138
Moana   141
Nakombi   89
Oficina do Sabor
   137
O Navegador   87
Oriundi   94

Papaguth   91
Parador Valencia
   139
Pomodoro Café   143
Pousada do Zé Maria
   145
Quadrifoglio   146
Quina do Futuro
   151
Rancho Inn   150
Ristorante Bologna
   148
Sawasdee   157
Splendido   85
Sushi Kin   155
Taste Vin   92
Taverna del Nonno
   154
Terraço Itália   159
Universal Diner   93
Varig   162
Vecchio Sogno   100
Vila Bueno   161
Vinheria Percussi   96
Viradas do Largo
   164
Wanchako   97
Xapuri   99

ÍNDICE REMISSIVO DE RECEITAS

Assiete de Palmito com Lagostim 113

Camarão à Baiana 138

Camarão à Mediterrânea com Rigatoni Recheado de Ricota e Brócolis 125

Camarão à Moda Viradas 164

Camarão ao Creme de Bobó e Purê de Banana-da-Terra 109

Camarão ao Molho de Chocolate com Pimenta 134

Camarão ao Molho Pernod com Arroz com Cogumelos e Cebola 141

Camarão Casadinho 54

Camarão com Musse de Pimentão e Alcachofras 139

Camarão com Torradas 102

Camarão Crocante 162

Camarão do Barão 127

Camarão Grelhado com Risoto de Gorgonzola e Uva 129

Camarão Nossa Praia 115

Camarão Redondo 150

Camarão Sir William 116

Camarão Tropeiro 65

Camarãozinho Regional com Purê de Pupunha 71

Camarões ao Beurre Blanc Indien 80

Camarões ao Chutney de Maçãs 84

Camarões ao Melado e Rum 105

Camarões ao Molho Créole e Gâteau de Legumes 130

Camarões ao Molho de Laranja e Manjericão 92

Camarões em Véu de Presunto de Parma 143

Camarões Graúdos com Pimenta--Verde 103

Canelone de Siri com Vinagrete Quente de Dendê e Coentro 76

Cavaquinha com Batata Crocante e Musseline de Ervilhas e Molho Perfumado com Pimenta-de-Sichuan 111

Ceviche com Gaspacho 93

Composição de Camarões e Fígado de Pato com Molho Balsâmico 74

Corzetti da Ligúria com Camarões 96

Delícias do Mar 132

Escondidinho de Camarão 161

Espaguete com Camarões e Funghi 119

Crustáceos I Aromas e Sabores da Boa Lembrança | 177

Espaguete com Frutos do Mar   124

Espetinhos de Camarão com Queijo e Cana   99

Fettuccini com Alcachofra e Camarão ao Creme de Açafrão e Mascarpone   121

Filé de Lagosta ao Prosecco com Salada   57

Frutos do Mar à Indiana com Arroz de Coco   123

Gigante Empanado   63

Lagostas Crocantes em Salsa de Mel e Gergelim   97

Lagostim ao Ouro de Abelha   159

Lagostim Redondo   151

Lagostins ao Molho de Tamarindo Oriental   155

Lagostins com Capim-Limão e Curry de Abacaxi   157

Lasanha de Cavaquinha   146

Moqueca aos Sabores de Pernambuco   137

Panelada de Crustáceos ao Vapor com Molho Verde   118

Patas de Caranguejo ao Molho de Melaço e Gengibre   89

Pitus da Amazônia Grelhados na Brasa com Especiarias   73

Plateau de Frutos do Mar   107

Quibe de Peixe Recheado de Camarão   52

Ramequim de Camarão   100

Risoto com Pitu   136

Salada Cariri   56

Salada de Siri   91

Salada Marinha   61

Salada Morna de Camarões ao Vapor com Vinagretes de Champanhe e Soja   50

Salada Verde com Maçã Flambada e Camarão da Lagoa   154

Savarin de Arroz ao Curry e Champanhe   148

Sinfonia Marítima   145

Siri-Mole com Seriguela   106

Sopa de Lentilha de Puy com Lagostins   85

Suflê de Camarão   81

Suflê de Lagosta   59

Sushioca de Camarão e Caju   87

Torre de Camarão   78

Tortinha de Camarão Seco e Aspargo Fresco   69

Tortinha de Caranguejo com Maionese de Manjericão   94

Trigoto de Camarão   67

RELAÇÃO DOS RESTAURANTES ASSOCIADOS

ALAGOAS
Akuaba
Tel.: (82) 3325-6199
Divina Gula
Tel.: (82) 3235-1016
Le Corbu
Tel.: (82) 3327-4326
Le Sururu
Tel.: (82) 2121-4000
Wanchako
Tel.: (82) 3327-8701

DISTRITO FEDERAL
Alice
Tel.: (61) 3248-7743
Babel
Tel.: (61) 3345-6042
Cielo Ristorante
Tel.: (61) 3364-5655
Universal Diner
Tel.: (61) 3443-2089

ESPÍRITO SANTO
La Cave
Tel.: (27) 3223-8932
Oriundi
Tel.: (27) 3227-6989
Papaguth
Tel.: (27) 3071-3269

GOIÁS
Ad'oro Restaurante
Tel.: (62) 3092-5558

L'Etoile d'Argent
Tel.: (62) 3281-9676

MARANHÃO
Maracangalha
Tel.: (98) 3235-9305

MATO GROSSO DO SUL
Cantina Masseria
Tel.: (67) 3325-7722
Fogo Caipira
Tel.: (67) 3324-1641

MINAS GERAIS
A Favorita
Tel.: (31) 3275-2352
Dartagnan
Tel.: (31) 3295-7878
Dona Derna
Tel.: (31) 3223-6954
La Victoria
Tel.: (31) 3581-3200
Osteria
Tel.: (31) 3481-1658
Patuscada
Tel.: (31) 3213-9296
Splendido Ristorante
Tel.: (31) 3227-6446
Taste Vin
Tel.: (31) 3292-5423
Vecchio Sogno
Tel.: (31) 3292-5251

Viradas do Largo
Tel.: (32) 3355-1111
Xapuri
Tel.: (31) 3496-6198

PARÁ
Dom Giuseppe
Tel.: (91) 4008-0001
Lá em Casa
Tel.: (91) 3223-1212

PARANÁ
Boulevard
Tel.: (41) 3023-8244
Ristorante Bologna
Tel.: (41) 3223-7102
Villa Marcolini
Tel.: (41) 3023-4664

PERNAMBUCO
Beijupirá
Tel.: (81) 3552-2354
Chez Georges
Tel.: (81) 3326-1879
Kojima
Tel.: (81) 3328-3585
Maison do Bomfim
Tel.: (81) 3429-1674
Munganga Bistrô
Tel.: (81) 3552-2480
Oficina do Sabor
Tel.: (81) 3429-3331
Pomodoro Café
Tel.: (81) 3326-6023

Crustáceos | Aromas e Sabores da Boa Lembrança | 179

Ponte Nova
Tel.: (81) 3327-7226
Pousada do Zé Maria
Tel.: (81) 3619-1258
Quina do Futuro
Tel.: (81) 3241-9589
Wiella Bistrô
Tel.: (81) 3463-3108

RIO DE JANEIRO
66 Bistrô
Tel.: (21) 2539-0033
Banana da Terra
Tel.: (24) 3371-1725
Bartrô – Bar e Bistrô
Tel.: (22) 2764-7782
Borsalino
Tel.: (21) 2491-4288
Carême Bistrô
Tel.: (21) 2537-5431
Casa da Suíça
Tel.: (21) 2252-5182
Da Carmine
Tel.: (21) 3602-4988
Emporium Pax
Tel.: (21) 3171-9713
Esch Cafe Centro
Tel.: (21) 2507-5866
Esch Cafe Leblon
Tel.: (21) 2512-5651
Giuseppe
Tel.: (21) 3575-7474
Gosto com Gosto
Tel.: (24) 3387-1382
Jardim Secreto
Tel.: (24) 3351-2516
La Sagrada Familia
Tel.: (21) 2252-2240

Locanda della Mimosa
Tel.: (24) 2233-5405
Margutta
Tel.: (21) 2511-0878
Margutta Cittá
Tel.: (21) 2563-4091
O Navegador
Tel.: (21) 2262-6037
Parador Valencia
Tel.: (24) 2222-1250
Rancho Inn
Tel.: (21) 2263-5197
Restaurante Alvorada
Tel.: (24) 2225-2021
Sawasdee
Tel.: (22) 2623-4644
Sushi Leblon
Tel.: (22) 2512-7836

RIO GRANDE
DO NORTE
Manary
Tel.: (84) 3204-2900

RIO GRANDE DO SUL
Calamares
Tel.: (51) 3346-8055
La Caceria
Tel.: (54) 3295-7565
Peppo Cucina
Tel.: (51) 3019-7979
Sushi by Cleber
Tel.: (51) 3328-8330
Taverna del Nonno
Tel.: (54) 3286-1252

SANTA CATARINA
Bistrô d'Acampora
Tel.: (48) 3235-1073

SÃO PAULO
Amadeus
Tel.: (11) 3061-2859
Arábia
Tel.: (11) 3061-2203
Cantaloup
Tel.: (11) 3078-3445
Confraria do Sabor
Tel.: (12) 3663-6550
Empório Ravioli
Tel.: (11) 3846-2908
Le Foyer Restaurant
Tel.: (12) 3663-2767
Ludwig
Tel.: (12) 3663-5111
Marcel Jardins
Tel.: (11) 3064-3089
Mocotó
Tel.: (11)2951-3056
Nakombi
Tel.: (11) 3845-9911
Ristorante Laura &
Francesco
Tel.: (19) 3849-6714
Terraço Itália
Restaurante
Tel.: (11) 2189-2929
Vinheria Percussi
Tel.: (11) 3088-4920

SERGIPE
La Tavola
Tel.: (79) 3211-9498

ASSOCIAÇÃO DOS
RESTAURANTES DA
BOA LEMBRANÇA
Tel.: (81) 3429-0190
(Pernambuco)

SOBRE OS AUTORES

Danusia Barbara

Jornalista carioca, prova do bom e do melhor em todas as partes do mundo. Da Amazônia a Mianmar, do Canadá ao Zimbábue, dos Estados Unidos às Ilhas Maurício, da Europa à América do Sul, dos pampas gaúchos à Tailândia e ao Oriente Médio, lugares por onde passou, pesquisa sabores, gostos, texturas, contrastes, sensações. Há mais de vinte anos escreve o *Guia Danusia Barbara – Restaurantes do Rio*.

É autora dos livros *Rio, sabores & segredos*; *A dieta do chef: alta gastronomia de baixa caloria*; *Nao Hara: culinária japonesa, sabores tropicais*; *Tomate*; *Feijão*; *Berinjela*; *Porco*; *Batata*; *Crustáceos*; *Arroz*; *Satyricon: o mar à mesa*; *A borrachinha que queria ser lápis* (infantil) e *Roteiro turístico-cultural das praias do Rio de Janeiro*.

Mestre em Poética pela Universidade Federal do Rio de Janeiro (UFRJ) e com cursos na Columbia University, Nova York, colabora em várias publicações com artigos sobre suas aventuras gastronômicas, além de apresentar no rádio o programa CBN Sabores Rio.

Sergio Pagano

Italiano de Milão, o fotógrafo começou sua carreira naquela cidade, em 1970, com ensaios para as principais revistas de decoração, agências de publicidade e galerias de arte.

Em 1978 foi para Paris, onde morou por nove anos, durante os quais se dedicou a fotografar concertos de rock e seus artistas. Foi essa especialidade que o trouxe ao Rio de Janeiro, para fotografar o Rock in Rio.

Em 1986, mudou-se definitivamente para o Brasil, onde tem realizado trabalhos de fotografia nas áreas de decoração, arquitetura e gastronomia. Esses mesmos temas também lhe renderam mais de vinte livros publicados. Entre eles destacam-se *Tomate*, *Feijão*, *Berinjela*, *Porco*, *Batata*, *Crustáceos* e *Arroz*, da Associação dos Restaurantes da Boa Lembrança e Danusia Barbara, e os volumes da coleção *Receita Carioca*, da Editora Senac Rio.

Associação dos Restaurantes da Boa Lembrança

Criada em 2 de março de 1994, a **Associação dos Restaurantes da Boa Lembrança** busca a alegria gastronômica em todos os níveis. Entre as suas inovações está a distribuição de pratos de cerâmica pintados à mão a todos que saboreiam uma das opções do cardápio dos restaurantes filiados. E mais: fornece aos clientes o passaporte da Boa Lembrança de fidelização; organiza jantares especiais; incentiva o turismo no Brasil; realiza festivais de comidas e bebidas; divulga os aromas e sabores da gastronomia brasileira; promove congressos nacionais e também fomenta o Clube do Colecionador, no qual é possível trocar experiências, receitas e até mesmo os cobiçados pratos pintados à mão. Tudo isso para deixar gravada na memória a "boa lembrança" do que sempre ocorre quando se frequenta um dos seus restaurantes em todo o Brasil. De Belém a Florianópolis, de Maceió a São Paulo, do Recife ao Rio de Janeiro ou a Belo Horizonte: qualidade é a meta. Por isso, os filiados à Associação não se apressam em crescer. Seu objetivo é a integração da diversificada culinária do nosso país.

Conheça os outros títulos da coleção
AROMAS E SABORES DA BOA LEMBRANÇA

VERSÃO LUXO

   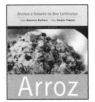

VERSÃO POCKET

Para conhecer a história, os restaurantes, a galeria de pratos,
os projetos e eventos da Associação dos Restaurantes da Boa Lembrança,
visite o site: **www.boalembranca.com.br**.
Acesse também o site do Clube do Colecionador: **www.clubedocolecionador.com.br**.

CIP-BRASIL.CATALOGAÇÃO-NA-FONTE
SINDICATO NACIONAL DOS EDITORES DE LIVROS, RJ.

B184c
2.ed.

Barbara, Danusia, 1948–
Crustáceos.
/ texto Danusia Barbara / fotos Sergio Pagano [produção das receitas Associação dos
Restaurantes da Boa Lembrança e Sergio Pagano ; sugestão de vinhos Célio Alzer]. – 2.ed.
– Rio de Janeiro: Ed. Senac Rio, 2010.
184p. : il. ; . (Aromas e Sabores da Boa Lembrança ; 6)
13 cm x 18 cm

Versão pocket
Apêndice
Inclui bibliografia
ISBN: 978-85-7756-019-6

1. Culinária (Frutos do mar). 2. Crustáceo – Miscelânea. I. Pagano, Sergio, 1949–.
II. Associação dos Restaurantes da Boa Lembrança.III. Título. IV. Série.

07.3273.   CDD 641.695
                                                                             CDU 641.8:639.5

A Editora Senac Rio publica livros nas áreas de gastronomia,
design, administração, moda, responsabilidade social, educação, marketing,
beleza, saúde, cultura, comunicação, entre outras.

Visite o site www.rj.senac.br/editora, escolha os títulos de sua preferência e boa leitura.

Fique atento aos nossos próximos lançamentos! À venda nas melhores livrarias do país.

Editora Senac Rio
Tel.: (21) 2536-3900
Fax: (21) 2536-3933
comercial.editora@rj.senac.br

Disque Senac: (21) 4002-2002

Este livro foi composto na tipografia Trade Gothic e impresso
em papel Pólen Bold Areia 90g/m², pela gráfica Rettec Artes Gráficas
para a Editora Senac Rio, em fevereiro de 2010.